Marco Bentivogli

*In*dipendenti

Guida allo smart working

RUBBETTINO

W0325266

© 2020 - Rubbettino Editore
88049 Soveria Mannelli - Viale Rosario Rubbettino, 10 - tel (0968) 6664201
www.rubbettino.it

a mia mamma,
che con maggiore capacità di qualsiasi fisico teorico ha tentato
con perseveranza di insegnarmi l'ordine del tempo,
senza grande successo…

Adesso prova a leggere dal basso verso l'alto[1]

1. Il Reverse Poster ideato dall'Agenzia YAM112003 per la campagna di comunicazione interna 2019 «Working Smart» di Fastweb.

Introduzione

> Più che mai urgenti sono idee e teorie che ci permettano di comprendere il nuovo che avanza in modo nuovo, di vivere ed agire con esso senza una male intesa dedizione ad un nuovo che rimane sempre comunque vecchio, e di conservare buoni rapporti con i tesori della tradizione[1].

Il futuro del lavoro è un foglio bianco da scrivere

Hai ripreso a lavorare?

A quanti di noi nei giorni post lockdown è stata posta questa domanda[2]?

Quasi che il telelavoro, il covid-working o i pochi casi di autentico smart working fossero «vacanze».

In realtà, proprio per chi non aveva organizzato, contrattualizzato, ripensato impresa e lavoro, l'emergenza ha fatto improvvisare un po' tutto, per di più con la ragionevole deroga agli accordi individuali.

La cosa più bella è stata la valutazione che ogni tanto i giornali pubblicavano sullo smart working, intervistando persone che avevano praticato cose ben lontane dal lavoro agile.

Ora, però, c'è da ragionare. Se il mondo dopo il virus non può essere lo stesso, neanche il lavoro può tornare allo status quo ante. È proprio il lavoro il crocevia delle grandi trasformazioni. Siamo in

1. U. Beck, *La società del rischio*, Carocci, Roma 2005, p. 17.
2. F. Sanesi, *Lo smart working e il nostro diritto a riprogettare il lavoro*, Room is open – 7 giugno 2020 https://roomisopen.blogspot.com/2020/06/lo-smart-working-e-il-nostro-diritto.html?m=1

grado, invece, di fare un passo avanti? Le ingiuste critiche di quanti pensano che questa forma di lavoro consenta, in effetti, una eterna vacanza – particolarmente ai dipendenti pubblici – devono essere rinviate al mittente. Le generalizzazioni mettono sempre i laboriosi sullo stesso piano dei lavativi. Le distorsioni esistono ovunque e questa retorica stantia nega solo il progresso che c'è stato e che ancora più potrebbe esserci in termini di crescita delle competenze, di rinnovamento delle organizzazioni, di miglioramento dell'equilibrio vita – lavoro, di minor impatto ambientale e, sì, di produttività.

Agire in difesa dell'esistente non ci sta più bene e il diritto allo smart working, e a riprogettare il lavoro ben pensato, costruito a partire dalle esigenze delle persone, lungimirante perché collegato ad obiettivi di lungo periodo, non è più rinunciabile.

Come vedrete, lo smart working non riguarda solo i lavoratori coinvolti: cambia l'impresa, la mentalità, le gerarchie, le culture organizzative.

Tutti temi che organizzazioni e imprese sposano in tutta la convegnistica ma che, digerite le tartine, voleranno via con le bollicine del «seguirà aperitivo».

Quello del controllo è lo strumento principe del management contemporaneo, lo si voglia ammettere o no. Perché la finalità principale della maggior parte delle organizzazioni economiche non è quella di creare valore condiviso attraverso l'azione coordinata e cooperativa di diversi soggetti, ma piuttosto «indurre i lavoratori ad agire nell'interesse dei loro datori di lavoro».

Eterodiretti, controllati e spinti a fare qualcosa che, altrimenti – questa è la convinzione di fondo – non saremmo disposti a fare o a fare bene. Questa è l'immagine predominante dei lavoratori, sia nell'ambito di molta ricerca economica, sia, soprattutto, in molte di quelle business school che formano le leve del management del futuro.

Naturalmente questo modello non solo è fattualmente falso, ma soprattutto inefficace, in particolare, rispetto soprattutto a quei lavori nei quali creatività e iniziativa sono elementi essenziali, lavori che oggi caratterizzano gran parte dell'economia mondiale»[3].

3. V. Pelligra, *Smartworking e senso della vita*, Il sole24ore 28 giugno 2020.

È tutto così, addirittura le organizzazioni a finalità sociale, i partiti sono spesso intrisi dalla cultura del controllo per l'eterno timore della libertà. E così che non si riesce a capire che accanto alla responsabilità, la libertà e l'autonomia sono le uniche leve di generatività, di creazione di ricchezza umana, sociale ed economica.

Lo smart working era una opportunità, ora è una necessità urgente.

Il titolo In*dipendenti* non si riferisce alla nuova categoria di lavoro emergente ovunque nel mondo, fuori dal lavoro subordinato (dipendente) ma altrettanto dal lavoro autonomo. Peraltro uno degli ingredienti dello smart working è l'autonomia e non l'indipendenza. E vedremo quanto la mancanza di autonomia soffochi produttività e benessere delle persone al lavoro. E – aggiungo – nel lavoro agile è ancora più decisiva la relazione, il lavoro di gruppo, la capacità di coordinamento con gli altri.

Mi riferisco, piuttosto, ad un salto di qualità dei processi di apprendimento: le organizzazioni e le imprese che creano «dipendenze» sono nocive, ingabbiano le energie migliori degli esseri umani. Per questo avere lavoratori in-dipendenti, responsabili e felici deve diventare un obiettivo generale.

Il digitale spinge il lavoro agile

«Siamo l'ultima generazione a distinguere l'*online* dall'*offline*. E saremo sempre di più *onlife*»[4].

Il filosofo Luciano Floridi ha colto l'aspetto essenziale del futuro che stiamo già vivendo: un'ibridazione tra reale e virtuale che sta permeando ogni ambito della nostra esistenza.

La vita sarà più complessa, ma il digitale faciliterà lo svolgimento di attività quotidiane, molte delle quali saranno gestibili con un touch o un click su applicazioni sviluppate con Internet, big data, tecnologie blockchain e Intelligenza artificiale: molto presto vivremo in città smart muovendoci su mezzi di trasporto smart, avremo la possibilità di abitare in case smart e di lavorare e consumare in modo smart.

4. L. Floridi, *Il verde e il blu. Idee ingenue per migliorare la politica*, Raffaele Cortina, Milano, 2020.

Si schiudono enormi opportunità di vivere in un ambiente più sostenibile, di lavorare in modo più sicuro, meno faticoso e stressante e in un sistema economico e produttivo più efficiente.

Eppure resiste una narrazione di giornalisti più pigri e ideologici che non solo genera spaesamento e disorientamento, ma anche ansia e paura del nuovo: si evocano scenari da Grande Fratello, le distopie del Grande Vecchio e del Complotto dei poteri forti. Sono suggestioni che fanno presa sulle persone meno consapevoli e su queste paure la destra sovranista e populista costruisce il proprio consenso.

In realtà avremmo dovuto fare i conti da un pezzo con la rivoluzione 4.0, con le opportunità della globalizzazione e del mondo aperto. La sfida è lanciata, ma partirà in vantaggio chi anticiperà il cambiamento cercando di indirizzarne la traiettoria con politiche lungimiranti e progettando ecosistemi intelligenti.

Il problema è che ogni innovazione trasformatrice è per definizione una deviazione dalla traiettoria tecnologica. E per questo non può far presa su un'opinione media che si è formata in riferimento – e lungo – la traiettoria preesistente, in molti casi attraverso un faticoso adattamento[5].

Queste dinamiche sono invece lette da molti analisti e commentatori con le stesse lenti utilizzate per comprendere il Novecento: il risultato è vedere tutto in un caleidoscopio rassicurante quanto distorcente.

Specie in Italia, il dibattito in corso è spesso sclerotizzato intorno ai paradigmi del passato, alle ideologie con cui si interpretava la fabbrica fordista, e perciò permeate da un sentimento tecnofobico che ha attecchito in ampi settori dell'opinione pubblica.

Sono schemi confortanti che non richiedono di studiare o almeno di mettersi in discussione. E poi è sempre *cool* fare riferimenti generici, superficiali se non impropri, ai vecchi padri nobili della sinistra. L'Italia è del resto il Paese in cui il televisore a colori è entrato nelle case solo nel 1977, nonostante la RAI fosse tecnologicamente pronta per trasmettere a colori già nel 1961 alla

5. S. Zanella, *Il futuro del lavoro è femmina. Come lavorare domani*, Bompiani 2020.

nascita del secondo canale, perché a sinistra, a destra e in parte del sindacato si riteneva che la nuova tv fosse un lusso che gli italiani non potevano permettersi in quel momento. Fu anche questo stallo, invece, a mandare in crisi l'industria elettronica italiana, incerta sull'evoluzione del mercato e sugli investimenti da effettuare: nel 1977 gli italiani trovarono sugli scaffali dei negozi solo marche straniere: Grundig, Telefunken, Philips.

Certamente non vanno sottovalutati i problemi etici, sociali e di salvaguardia dei diritti dei cittadini, che alcune innovazioni tecnologiche recano con sé. Ma sono problemi che vanno gestiti, mentre abbandonarsi al tecnodisfattismo serve solo a far perdere di vista le opportunità.

I tecnofobi dovrebbero ricordarsi che sono i Paesi che hanno investito di più in tecnologia e formazione ad avere tassi di disoccupazione più bassi: Germania, Corea del Sud e Giappone. E nei primi due casi i lavoratori hanno salari più alti e svolgono mansioni a più alto ingaggio cognitivo e maggiore valore aggiunto.

Di fronte a questi scenari, politiche di corto respiro non sono solo inefficaci, ma addirittura dannose. In Italia il dibattito pubblico non va oltre l'orizzonte del quotidiano, le forze politiche guardano ai sondaggi settimanali sulle intenzioni di voto, mentre servirebbe visione e programmazione. Vanno colti i megatrend e il loro impatto sull'economia e sul mercato del lavoro e intraprese politiche che accompagnino la transizione tecnologica per massimizzarne i benefici a vantaggio di tutti: individuare le competenze del futuro, ripensare tempi e spazi di lavoro, immaginare un diverso sistema educativo e un nuovo sistema di rappresentanza e dei diritti.

Un'attenzione particolare andrà posta sulle persone che attualmente svolgono mansioni ripetitive o routinarie, che non richiedono grandi competenze o professionalità. Questi sono i posti di lavoro a più alto rischio di sostituzione con macchine, robot o applicazioni della tecnologia dell'informazione. Queste situazioni vanno gestite con lungimiranza, prima dell'esplosione delle crisi sociali, giocando di anticipo e con programmi formativi su ampia scala e politiche attive finalmente efficaci, per accompagnare le persone più fragili, senza lasciarle indietro.

Ma bisogna anche ricordarsi che tutte le rivoluzioni tecnologiche, dalla prima rivoluzione industriale a quella 4.0, hanno sempre causato la scomparsa di alcuni lavori per poi crearne altri a maggiore valore aggiunto. Occorre accorciare questo lasso temporale costruendo un ecosistema 4.0 che garantisca un effetto netto finale positivo che intrecci le nuove dinamiche dei flussi e dei territori, a partire dalle aree interne consentendone il collegamento con il mondo dell'innovazione. La rivoluzione digitale è in grado di offrire grandi opportunità alla crescita economica e allo sviluppo dell'essere umano. Il futuro si decide e si pianifica grazie alla capacità di scrivere su un foglio bianco, di individuare e sperimentare soluzioni inedite.

Purtroppo negli ultimi anni in Italia la politica – ad eccezione del piano Industria 4.0 dell'ex ministro dello Sviluppo economico Carlo Calenda e delle misure sull'obbligatorietà dell'alternanza scuola-lavoro – non è stata in grado di accompagnare questa rivoluzione tecnologica e creare le condizioni favorevoli per gli investimenti e per attrarre capitali stranieri.

A lasciare il nostro Paese sono migliaia di giovani, non solo per mancanza di opportunità lavorative ma anche perché non si investe di più in formazione. Da noi non riescono a decollare l'apprendistato e gli istituti tecnici superiori (ITS), malgrado non siano certo mancate le riforme in questi anni. C'è una dispersione del nostro patrimonio di competenze, mentre gli altri Paesi – Germania in primis – avviano grandi programmi di istruzione e formazione su scala nazionale.

Il sindacato è chiamato a giocare un ruolo fondamentale anche negli accordi aziendali per una nuova e più efficiente gestione dei tempi, oggi possibile proprio grazie alla tecnologia. Lo smart working è un terreno importante su cui la Fim ha lavorato a fondo: nuove modalità organizzative significano nuovi doveri e nuovi diritti e richiedono quindi un approccio nuovo alla tutela di questi ultimi e in, generale, implicano il passaggio da una visione di protezione a una di promozione del lavoratore. In questo senso abbiamo esplorato, ad esempio, nuovi metodi formativi che hanno alla base l'uso di tecnologie educative EdTech.

La propensione a investire in tecnologie in Italia rimane bassa. Basti pensare a quanto ci dice Unioncamere[6], secondo cui nel 2018 su 5 milioni di imprese italiane, 3 su 10 non erano sul web e 4 imprenditori su 10 consideravano Internet inutile. E le industrie italiane che faticano a stare sul mercato e che licenziano sono quelle che meno investono in tecnologie. Quelle che hanno puntato sull'innovazione, invece, hanno trainato l'export (nel 2017 il 52 per cento del valore delle esportazioni è metalmeccanico).

Occorre invertire la tendenza. Le macchine possono produrre risultati positivi per tutti – e lo smart working è un esempio di un modello organizzativo che crea una combinazione vincente tra tecnologia e uomo – a patto che la progettazione sia un lavoro di squadra, che liberi i lavoratori dalle gabbie delle mansioni consentendo loro di esaltarne la creatività. È il modello della «democrazia industriale» che è stato seguito con successo dalla Germania e dai Paesi scandinavi, ma che in passato è stato osteggiato tanto dai sindacati italiani (con l'eccezione della Fim e della Cisl) quanto da Confindustria, come ha ricordato Edoardo Segantini[7]. Ma – come è accaduto in circostanze analoghe in passato – è possibile un ripensamento e un cambio di indirizzo.

Papa Francesco ha scritto in *Evangelii Gaudium*: «Il tempo è superiore allo spazio», specificando che è necessario «privilegiare le azioni che generano nuovi dinamismi nella società e coinvolgono altre persone e gruppi che le porteranno avanti». In fondo non c'è nulla come la rivoluzione digitale, con i profondi mutamenti che essa innesca nel rapporto tecnologia/uomo/società/ambiente, a dimostrare che il Santo Padre ha ragione.

Dopo anni in cui è andata smarrita la dimensione collettiva del lavoro, ora la conoscenza e la partecipazione, insite nei nuovi paradigmi tecnologici e nei nuovi modelli organizzativi, possono far ritrovare una dimensione alta e identitaria ai lavoratori.

6. Unioncamere, Swg, *Indagine sulle modifiche dei comportamenti di consumo legati al web*, 2018.
7. E. Segantini, *Così l'uomo potrà vincere la «gara contro le macchine»*, Corriere.it, 17 luglio 2018 (www.corriere. it/opinioni/18_luglio_18/cosi-l-uomo-potra-vincere-gara-contro-macchine-57cf8df8-89d9-11e8-8bbc-b-107b233a106.shtml).

Fonte: Fim, #SindacatoFuturo in Industry 4.0, Adapt University Press, 2018.

La sfida dello smart working

> «Che cosa si può immaginare di più demoralizzante del doversi svegliare ogni mattina cinque giorni su sette nell'arco della vita adulta per portare a termine un compito che in cuor nostro crediamo non andrebbe svolto perché è solo uno spreco di tempo o di risorse, oppure perché addirittura rende peggiore il mondo?». Questo si chiedeva, qualche anno fa, in un saggio di grande successo l'antropologo David Graeber. E continuava, «Non rappresenterebbe una terribile ferita psichica per la nostra società? Probabilmente sì, ma è uno di quei problemi di cui nessuno sembra intenzionato a parlare» (*Bullshit Jobs*, 2018). La percezione che i lavoratori hanno dell'utilità e del senso del loro lavoro ne influenza significativamente la motivazione e quindi la produttività ma per capirlo bisogna staccarsi dalla routine, servirsi di pensiero laterale. Ripensarsi[8].

Lo smart working è un lavoro «intelligente» (smart) perchè valorizza la reciprocità e trasferisce quote di responsabilità e libertà alle persone, favorendo il loro benessere e la produttività. È fondamentale costruire nelle organizzazioni e nelle aziende una nuova cultura del lavoro con l'introduzione di nuovi modelli

8. V. Pelligra, *Smartworking e senso della vita*, Il Sole24ore 28 giugno 2020.

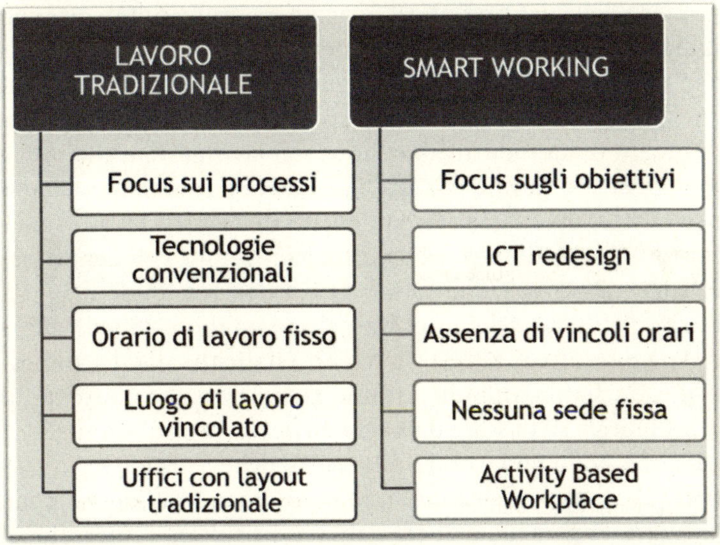

organizzativi e gerarchici. Quando si parla di lavoro a distanza è proprio quella distanza che dobbiamo annullare. Le nuove tecnologie abilitano questo salto ma non sono sufficienti. Non si tratta di replicare «il lavoro in presenza»ma occorre cambiare il modo di pensare il lavoro stesso.

Lo smart working, secondo la definizione dell'Oss. Smart Working del Politecnico di Milano, è una modalità di organizzazione e gestione del lavoro basata sulla flessibilità e sull'autonomia nella scelta di luoghi, tempi, strumenti da parte delle persone a fronte di una loro responsabilizzazione nel perseguimento degli obiettivi e nel raggiungimento dei risultati. Sono convinto che rappresenti una grande sfida di sostenibilità verso la costruzione di un lavoro e di una vita migliori. Per essere più precisi, alla luce di quanto vedremo relativamente alle tre grandi trasformazioni (demografica, ambientale e digitale), lo smart working da sfida si sta caratterizzando sempre di più come una necessità urgente.

Una vera e propria rivoluzione del lavoro che ha molto a che fare con la fiducia: il rapporto fra manager e lavoratore si modifica, in quanto non si fonda più sulla presenza fisica e sul numero delle ore prestate al servizio, ma sui risultati ottenuti indipendentemente da tali parametri. È, dunque, una profonda evoluzione della cultura organizzativa e, come tale, si differenzia dal telelavoro, che è un semplice spostamento del luogo di lavoro dalla sede all'abitazione del lavoratore e che non è mai rientrato in una cornice normativa autonoma. La legge n. 81/2017, invece, ha regolamentato in Italia il «lavoro agile» (terminologia adottata nella nostra legislazione per identificare lo smart working), collegandone l'attuazione a una maggiore competitività delle imprese e a una migliore conciliazione di vita e lavoro, e, altresì, stabilendo il diritto alla disconnessione. Parliamo, dunque, di uno strumento che consente in linea teorica di passare dalla logica del lavoro subordinato in cui contano luoghi e orari, alla logica delle *learning organization*[9], la formula dell'apprendimento organizzativo che pone al centro la persona e in cui contano i risultati, l'interazione, la cooperazione, la partecipazione e le competenze. Uno strumento che ben si adatta alla crescita dell'innovazione, e che si attiva pienamente grazie alle tecnologie digitali. Secondo Jeffrey Pfeffer[10], infatti, la cultura è mezzo per la creazione di senso all'interno delle organizzazioni, che può guidare e condizionare il comportamento individuale e collettivo. È, dunque, fondamentale focalizzare l'azione sulla cultura organizzativa in quanto necessaria a smontare i bias cognitivi più rigidi e radicati, creando quello che si definisce un mindset[11] nuovo e più efficace per far fronte al cambiamento.

È la nuova forma mentis, che nasce da una differente interpretazione di «manager» e «team» e del rapporto fra essi, che consente ad una cultura organizzativa di divenire Agile, vale a

9. Organizzazione che apprende e che fa apprendere, è una struttura porosa che mette in circolo la conoscenza perché la sa assorbire ma anche restituire, utilizzando «intelligenza connettiva» perché connette saperi, esperienze e visioni tra soggetti e articolazioni esterni ed interni.

10. J. Pfeffer, *Power in organizations*, Marshfield, Mass 1981.

11. La visione culturale che hai, la tua struttura di pensiero e comportamento che ti fanno muovere in un certo modo, in un determinato contesto.

dire essenzialmente basata sulla fiducia, sulla sicurezza psicologica del team e sulla conseguente responsabilizzazione individuale e collettiva dinnanzi al manager e rispetto a rischi ed obiettivi.

Questo segna il passaggio da un mindset «command and control» a quella che abbiamo sopra definito una «learning organization», una organizzazione nella quale cooperazione e condivisione facilitano la trasformazione necessaria a rispondere alle questioni complesse in ottica di sistema. Il manager è, in questo contesto, un leader che incoraggia l'empowerment[12] e rende possibile la sperimentazione e l'innovazione, promuove l'impegno e perchè no un po' di sana ambizione personale e, con essi, la motivazione. Egli non si concentra sul cosa o sul come, ma sul perché le persone fanno ciò che fanno. In sintesi, favorisce, come detto, il «senso» e l'identità non estraniante dell'organizzazione stessa, quindi del lavoro. Eppure, a fronte dei molti benefici, non mancano le resistenze, né se ne devono trascurare i rischi. In questo libro proverò a esplorarne i principali vantaggi, ma anche a evidenziarne i rischi.

Consentendo una maggiore flessibilità delle variabili organizzative del lavoro, lo smart working, secondo alcune ricerche, sembra aumentare la soddisfazione personale e, di conseguenza, anche la performance individuale e dell'organizzazione nella sua interezza. L'assenteismo si riduce, la produttività cresce anche e soprattutto grazie all'autonomia e alla responsabilizzazione dei singoli.

Tali risultati positivi sono confortati dai dati dell'Osservatorio Smart Working della School of Management del Politecnico di Milano (datati ottobre 2019): secondo le organizzazioni si registra il miglioramento dell'equilibrio fra vita professionale e privata (46 per cento) e la crescita della motivazione e del coinvolgimento dei dipendenti (35 per cento). Gli smartworker, inoltre, sono più soddisfatti dell'organizzazione del proprio lavoro (il 31 per cento contro il 19 per cento degli altri lavoratori)

12. Consapevolezza di avere un proprio potere (indipendentemente dal proprio ruolo gerarchico) e capire la necessità del potenziamento continuo delle proprie abilità per liberare il potenziale personale spesso inespresso.

e delle relazioni fra colleghi (il 31 per cento contro il 23 per cento degli altri) e con i loro superiori (il 25 per cento contro il 19 per cento degli altri). Anche l'engagement (coinvolgimento) dei dipendenti ne risulta migliorato. Gli smartworker sono più soddisfatti del proprio lavoro (76 per cento rispetto al 55 per cento degli altri lavoratori), più orgogliosi dei risultati dell'organizzazione in cui lavorano (71 per cento rispetto al 62 per cento) e desiderano restare più a lungo in azienda (71 per cento rispetto al 56 per cento). Secondo l'Osservatorio, considerati tutti gli elementi di engagement, i lavoratori agili che si sentono pienamente «ingaggiati» sono il 33 per cento, rispetto al 21 per cento degli altri lavoratori. Essi sono anche più capaci di responsabilizzazione rispetto agli obiettivi aziendali e personali, di flessibilità nell'organizzare le attività lavorative e hanno una maggiore «attitudine smart» nel bilanciamento fra utilizzo della tecnologia e strumenti tradizionali di collaborazione (è il 17 per cento nei lavoratori tradizionali, il 35 per cento per quelli smart).

Vi sono però, come anticipato, alcuni aspetti critici che devono essere subito colti e interpretati perché non vadano a invalidare i molti benefici, dissuadendo le imprese e le organizzazioni dall'applicazione di uno strumento così utile e i lavoratori dall'accettarlo come migliorativo. Sempre secondo l'Osservatorio del Politecnico di Milano, se si interrogano i manager emerge la difficoltà nel gestire le urgenze (per il 34 per cento dei responsabili), nell'utilizzare le tecnologie (32 per cento) e nel pianificare le attività (26 per cento). Per gli smartworker, invece, la principale difficoltà è «la percezione di isolamento (35 per cento), le distrazioni esterne (21 per cento), i problemi di comunicazione e collaborazione virtuale (13 per cento) e la barriera tecnologica (11 per cento)».

Cosa possiamo, o meglio dobbiamo, dedurre da questi dati? Innanzitutto che il lavoro agile non è esente da rischi e controindicazioni, soprattutto nella sfera degli orari, della salute, della sicurezza, della formazione e per quanto concerne le occasioni di collegamento fisico, umano e relazionale con la realtà aziendale, che devono essere garantite. In altre parole, la forma «agile» non deve tradursi in una deregolamentazione del lavoro, in una «solitudine» organizzativa o in una diminuzione delle tutele per i dipendenti, cui occorre inoltre garantire la sicurezza e, elemento sempre più centrale, la protezione dei dati. È fondamentale che questa tipologia di lavoro sia regolata dalla contrattazione collettiva (e non solo individuale) e che sia garantito al lavoratore il diritto di «staccare la spina». C'è, insomma, la necessità di definire nuove regole e nuovi diritti. Ad esempio, ingaggiare la battaglia della libertà d'orario – variabile essenziale nel lavoro agile – non significa svincolare la prestazione da ogni tipo di regolamentazione, puntando verso un modello individualistico; significa piuttosto evolvere verso una dimensione comunitaria a livello d'impresa, in modo che il buon andamento dell'azienda sia obiettivo comune dell'imprenditore e del lavoratore. Ciò implica un netto scatto culturale, anche e in particolare da parte delle imprese, che, soprattutto in Italia, hanno sempre guardato con sospetto alla partecipazione del lavoratore alla definizione delle strategie organizzative e aziendali. Eppure, mi sento di ribadirlo, si tratta di un'innovazione che oggi può rivelarsi, oltre che urgente e non rimandabile, vincente: i rischi devono essere gestiti e governati da un sindacato intelligente e non possono essere un alibi per non cogliere la portata innovativa dello strumento. Oggi il lavoro agile non ha ancora avuto modo di essere impiegato fino in fondo per via delle resistenze di una parte delle sigle sindacali, così come da parte delle aziende meno innovative, per la cattiva consuetudine a «fare da sole», per l'abitudine allo schema di lavoro tradizionale e per la scarsa conoscenza delle nuove tecnologie.

I dati ci dicono infatti che, mentre nelle grandi aziende il fenomeno ha già un impatto rilevante (la sua diffusione riguarda oltre una su due), nelle piccole e medie imprese lo smart working stenta ad affermarsi. Solo nel 12[13] per cento delle PMI vi sono progetti strutturati, mentre vi è un'altissima percentuale di piccole realtà imprenditoriali incerte sulla sua introduzione o che addirittura non intendono usufruirne.

13. Osservatorio Smart Working del Politecnico di Milano, 2019.

All'interno di questo quadro, il sindacato si deve muovere contestualmente su un doppio fronte. Da un lato, ai lavoratori deve essere offerto un approccio sindacale (anch'esso) «smart», che non neghi il cambiamento già in atto, ma che, al contrario, lo viva e lo gestisca definendo nuove linee guida e contribuendo a progettarlo da protagonisti. Questo perché sappiamo che, laddove lo smart working è ben organizzato e contrattualizzato, migliorano la produttività e l'equilibrio personale e professionale dei lavoratori. Il lavoro agile, infatti, si inserisce appieno nel quadro del welfare contrattuale perché si tratta di un'iniziativa concreta di conciliazione, rivolta a far sì che famiglia, lavoro e vita privata non siano considerate dimensioni tra loro incompatibili o in competizione. Le politiche di work-life balance devono assumere una connotazione trasversale, senza distinzioni di genere, per agevolare pari opportunità professionali e pari responsabilità familiari. Accanto a tutto ciò, è necessario intervenire per contribuire a migliorare il livello di preparazione di chi è responsabile dell'organizzazione e dell'applicazione di questa nuova filosofia manageriale.

La spinta del lockdown

In questi mesi, il libro più citato è stato *Armi, Acciaio e malattie* (Jared Diamond) che già nel 1997 spiegava come tutta la storia dell'umanità ha sempre avuto bisogno di shock imprevedibili che introducessero discontinuità e accelerassero, oggi in modo esponenziale, l'innovazione. Lo stesso sta accadendo, nonostante l'opera incessante dei custodi degli status quo a seguito della recente pandemia. Proviamo un attimo a immaginare se il lockdown dovuto al Covid fosse avvenuto 30 anni fa. Tutte le funzioni delle aziende sarebbero state bloccate. Lavoratori, clienti, fornitori avrebbero avuto una sola interfaccia: una segreteria telefonica. Pensate al grande lavoro di continuità lavorativa che in questa fase, in tutte le aziende, il lavoro agile ha consentito.

Ma contenere i danni di un'emergenza non è abbastanza. Bisogna rilanciare. Anni fa Jack Dorsey, CEO di Twitter, diceva: «Io non ho un ufficio, non ho una scrivania, ho uno spazio sul mio iPad, ho uno spazio nella mia testa, ho uno spazio nella mia casa...». Nei primi giorni del lockdown – quando tutte le attività produttive non essenziali sono state chiuse per contenere il contagio del coronavirus – a chi gli chiedeva una stima sui tempi di riapertura delle sedi, Dorsey rispondeva: «Quando riaprire gli uffici sarà una NOSTRA scelta, quando e se i nostri collaboratori torneranno a lavorarci sarà invece una scelta LORO!». Non una rivoluzione quindi, ma un esempio da seguire, anche in Italia!

E infatti nel maggio 2020 la tech company californiana ha annunciato che avrebbe permesso ai suoi dipendenti di continuare in smart working a tempo indefinito, anche una volta finita l'emergenza Covid-19. Potranno farlo tutti i dipendenti di Twitter che lo desiderano e il cui ruolo non esige la presenza in sede.

Twitter è un esempio di un'azienda che aveva già un'organizzazione che valorizzava la libertà, l'autonomia, la responsabilità dei lavoratori. Nelle aziende digitali e nelle start up, infatti, non è cambiato granché, perché il lavoro per obiettivi è un paradigma naturale per quel tipo di imprese. In Italia, queste imprese, definite «non lineari» e non gerarchiche, sono spesso demonizzate anche per un difficile rapporto con il fisco e gli attuali contratti di lavoro. È un dato, tuttavia, che il modello organizzativo e di business di queste aziende ne consente una crescita rapidissima e importante e non paragonabile a quella delle imprese lineari. Una riflessione utile è comprendere cosa mutuare da questi nuovo modelli e trasferirlo nelle imprese tradizionali e lineari, in particolare le manifatturiere.

Inoltre, in Italia il lockdown è stato però un'occasione per molte imprese con organizzazioni tradizionali di sperimentare, a causa di forza maggiore, il lavoro agile. Il DPCM 4 marzo 2020 ha stabilito che «la modalità di lavoro agile (...) può essere applicata, per la durata dello stato di emergenza (...) dai datori di lavoro a ogni rapporto di lavoro subordinato, nel rispetto dei principi dettati dalle menzionate disposizioni, anche in assenza degli accordi individuali ivi previsti». A partire dal DPCM 1 marzo 2020 su tutto il territorio nazionale, per le attività produttive e professionali si è raccomandato «il massimo utilizzo da parte delle imprese di modalità di lavoro agile per le attività che possono essere svolte al proprio domicilio o in modalità a distanza».

L'impatto è stato quindi travolgente. Già a marzo i dipendenti pubblici in smart working erano 2.285.000 (di cui 1.313.000 lavoratori della scuola e dell'università) e 2.205.000 i dipendenti privati. Totale: 4.490.000. Il numero di lavoratori «da remoto» è improvvisamente arrivato ad una cifra vicina ai 6 milioni. Secondo il prof. Mariano Corso, responsabile scientifico dell'Osservatorio Smart Working del Politecnico di Milano: «Le aziende e i lavoratori che già in precedenza avevano sperimentato modelli di smart working si sono trovati indiscutibilmente avvantaggiati perché tecnologicamente, culturalmente e organizzativamente preparati. Le imprese che erano impreparate, anche se erano in condizione di lavorare in smart working, hanno reagito all'emergenza in tre modi. Ci sono state quelle che hanno cercato, finché si poteva, di negare l'emergenza e di convincere i dipendenti a lavorare in sede. Quelle che hanno dovuto arrendersi e quindi fare ricorso alle ferie o alla cassa integrazione, e quelle che si sono improvvisate, dicendo ai dipendenti di lavorare da casa senza però dare gli strumenti né tecnologici né organizzativi. Sono la maggior parte e in queste rientra anche la pubblica amministrazione»[14]. Per questi lavoratori il cambiamento è stato radicale perché si sono trovati a dover svolgere da remoto ogni attività, comprese quelle di collaborazione e relazione interpersonale che in precedenza avevano sempre svolto in ufficio, la sede ritenuta naturale per questo genere di dinamiche organizzative.

In condizioni normali il passaggio a un modello organizzativo incentrato sul lavoro agile è graduale, si fa accompagnamento, si fa coaching e formazione per indirizzare i comportamenti dei manager e dei lavoratori. Questa fase di emergenza sanitaria è stata una sorta di stress test per chi aveva già adottato forme di lavoro agile ma lo utilizzava in forma limitata. Chi era tecnologicamente preparato e aveva formato il personale ha potuto verificare che non c'è

14. In «la Repubblica», intervista di R. Amato a M. Corso, 24 marzo 2020.

stato un calo della produttività, anzi. Chi invece è arrivato impreparato è andato in crisi perché non ha sperimentato il «vero» smart working, ma una forma di lavoro da remoto coatto e vincolato, nella quale sono mancati i presupposti di volontarietà e flessibilità alla base dello scambio tra autonomia nella scelta delle modalità di lavoro e responsabilizzazione sui risultati su cui si dovrebbe fondare ogni accordo di smart working. Le persone non hanno potuto esercitare alcuna scelta perché sono state nei fatti costrette a lavorare da casa, spesso senza quelle condizioni di autonomia ed empowerment che necessitano di tempo e del consolidamento del nuovo paradigma organizzativo. Questa situazione eccezionale ha quindi portato con sé alcune criticità già tipiche del telelavoro, come senso di isolamento, difficoltà a disconnettersi e a mantenere un equilibrio tra vita privata e professionale. Eppure in pochi mesi sono caduti molti pregiudizi e si è compiuto un percorso di apprendimento e crescita di consapevolezza che in condizioni normali avrebbe richiesto anni. Le persone hanno imparato ad usare strumenti digitali innovativi e a relazionarsi efficacemente in team virtuali. Di fatto questa situazione è stata anche uno stimolo per l'azienda a far evolvere il proprio modello manageriale, una palestra per creare un nuovo modo di lavorare e accompagnare i manager e le persone a lavorare in un modo diverso. «Molte organizzazioni alla luce dei risparmi e dell'aumento di produttività dichiarano oggi di voler proseguire su questa strada. La larga maggioranza dei lavoratori dichiara di aver apprezzato i vantaggi dello smart working e di voler continuare a praticarlo anche a regime[15]».

Ad ogni modo il 31 luglio termina il periodo in cui lo smart working può essere adottato in forma semplificata, anche in assenza di accordo individuale scritto. Dal 1° agosto i datori di lavoro sono tenuti per legge a dare la priorità alle lavoratrici nei tre anni successivi al congedo di maternità e ai lavoratori

15. M. Corso, *Sono otto milioni. Ma la vera sfida comincia adesso*, in «la Repubblica», 25 maggio 2020.

con figli in condizione di disabilità grave. E tutte le aziende che avevano resistenze si sono rese conto di quanto un modello digitale aumenti la resilienza di un Paese, la sua capacità di reagire alle emergenze.

1.

Cambiamenti

1.1 *Le tre grandi trasformazioni – climatica, digitale, demografica – necessitano del lavoro agile*

Siamo sempre più consapevoli delle tre grandi trasformazioni che stanno investendo il pianeta e la nostra vita: quella climatico-ambientale, quella digitale e quella demografica.

Questi cambiamenti comportano necessarie scelte radicali nelle politiche sovranazionali. Di questo siamo un po' meno consapevoli.

Cambiamenti climatico-ambientali: il pianeta si sta surriscaldando

Nel 2018 le emissioni globali hanno continuato a crescere con un tasso dell'1,7 per cento su base annua[1].

Gli studi sull'innalzamento del livello dei mari, inoltre, registrano dati allarmanti: in alcune parti del mondo esso ha raggiunto una velocità doppia rispetto a quella di 25 anni fa[2]. Le previsioni danno esiti diversi: recenti indagini ipotizzano un aumento di livello fino a 2 metri entro il 2100[3], mentre la Nasa si mostra più cauta e ritiene, utilizzando altre simulazioni, che il livello dei mari salirà meno di 90 centimetri da qui a fine secolo.

1. Global Energy & CO2 Status Report, The International Energy Agency, Mar 2019.
2. Si veda ad esempio: https://www.pnas.org/content/115/51/12944
3. https://www.pnas.org/content/116/23/11195

In ogni caso, la società di riassicurazione Swiss Re ha recentemente stimato che catastrofi naturali e disastri causati dall'uomo hanno causato perdite economiche per 146 miliardi di dollari nel 2018. Le conseguenze economiche e sociali del cambiamento climatico sono, dunque, notevoli. È possibile rallentarle? Gli investimenti per ridurre i consumi e utilizzare energie rinnovabili sono fondamentali. La buona notizia è che le fonti di energia pulita non sono mai state così convenienti come oggi. Purtroppo l'energia del mondo è ancora fornita solo per il 2 per cento dalle rinnovabili anche se, invero, in Italia le fonti rinnovabili di energia coprono il 33,9 per cento della produzione elettrica[4]. Il petrolio dai 100 mln di tonnellate è sceso a 70 mln durante la pandemia. Il guaio è che il consumo pro capite dei Paesi con crescita del Pil importante (India, etc.) è ancora molto basso e la loro crescita non assicurerà nel breve periodo una riduzione della dipendenza globale dai combustibili fossili. Per questo sono importanti gli accordi internazionali.

Decarbonizzazione, riduzione delle emissioni, risparmio energetico

Bisogna governare le transizioni in modo serio e non ideologico. Bisogna governare seriamente il miglioramento dell'«impronta ecologica» delle produzioni e dei lavori. Da questo punto di vista l'impronta ecologica di uno smartworker è notevolmente migliore di quella di un lavoratore tradizionale. La mobilità inutile è un problema sotto gli aspetti ambientali, sociali, umani, economici.

Ricordiamoci, tuttavia, che ¼ dell'energia consumata nel mondo è utilizzata per la climatizzazione degli immobili. E un intervento sulla sola mobilità non è sufficiente: utilizzare in modo più intelligente gli spazi dedicati al lavoro riduce anche il consumo energetico.

4. Fonti rinnovabili in Italia e in Europa – Anno 2018, Gestore dei Servizi Energetici GSE, febbraio 2020.

Nel paragrafo dedicato alla sostenibilità documenterò con elementi ancor più chiari il perché la scelta dello smart working viene incontro ai giusti allarmi relativi ai pericolosi, e speriamo reversibili, cambiamenti climatici.

Non solo, il nostro Paese quando pensa all'inquinamento porta l'attenzione esclusiva all'Ilva di Taranto. In realtà il tema è molto più ampio e ha cause multifattoriali.

Eppure secondo il report annuale «Mal'aria» di Legambiente sull'inquinamento atmosferico in Italia, anche nel 2019 al primo posto si conferma la Pianura Padana con Brescia, Lodi, Monza, Venezia e Alessandria a seguire, e non certo Taranto o la Puglia[5].

Nell'analisi della letalità del Covid ci si domanda quali fattori abbiano favorito una diffusione così massiccia del Coronavirus, specie in Lombardia, e perché i decessi siano stati così numerosi.

Alcune parziali risposte sono già arrivate nei giorni scorsi: una popolazione più anziana e le modalità con cui sono eseguiti i tamponi sono certamente fattori che pesano. Ma fra le regioni più colpite e il resto d'Europa esiste anche un'altra differenza che per i polmoni e le malattie del sistema respiratorio conta moltissimo: la Pianura Padana è la regione più inquinata del continente. Uno studio dell'Università di Harvard[6] aggiunge prove al presunto legame tra inquinamento atmosferico e gravità dell'epidemia da Covid-19. Secondo la nuova analisi, le aree geografiche con le più elevate concentrazioni di polveri sottili 2.5 PM (le più fini, capaci di entrare negli alveoli polmonari, dove avviene l'ossigenazione del sangue) sono anche quelle *con il tasso di letalità più elevato* da Covid-19 negli Stati Uniti. Ci sarebbe insomma un legame statistico sempre più evidente

5. https://www.legambiente.it/malaria-2019-il-rapporto-annuale-annuale-sullinquinamento-atmosferico-nelle-citta-italiane/

6. https://www.medrxiv.org/content/10.1101/2020.04.05.20054502v2. L'articolo è un preprint non ancora sottoposto a peer review al momento della pubblicazione di questo libro.

Fonti degli inquinanti atmosferici nell'EU[5]

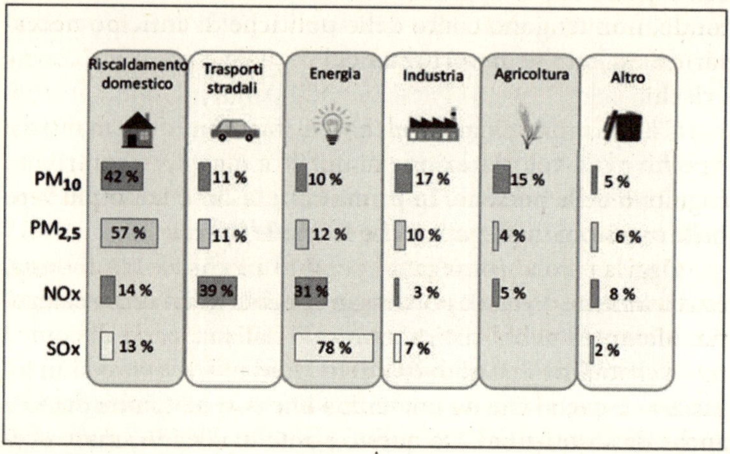

Fonte: AEA, «Air quality in Europe - 2017 report» (Qualità dell'aria in Europa - Relazione 2017), 2013, pag. 22.

tra l'esposizione a lungo termine al particolato atmosferico e la probabilità di incorrere nelle forme più gravi della malattia. Con riguardo alle PM10, il recente incremento rilevato nelle regioni settentrionali e centrali del nostro Paese è stato ricondotto dalle agenzie ambientali all'arrivo di polveri provenienti dai deserti asiatici e confinanti con il mar Caspio. Questo aspetto di natura orografica e morfologica non è di semplice soluzione, pertanto bisogna occuparsi del contributo umano all'inquinamento.

La transizione digitale spinge l'agilità del lavoro

Quando si parla di grande trasformazione digitale vi si accompagna il riflesso pavloviano della inevitabile disoccupazione tecnologica.

Il digitale è un acceleratore di grandi cambiamenti, del lavoro, delle produzioni e della vita. I nuovi ecosistemi digitali dematerializzano solo una parte dell'economia, ma la condizionano integralmente. Le previsioni sull'effetto disruptive sono spesso molto approssimative. Hanno tutte un difetto di fondo, non tengono conto delle politiche di anticipo necessarie a esaltare le opportunità del digitale e a minimizzarne i rischi.

C'è una prima chiara evidenza, la riduzione delle mansioni ripetitive e la valorizzazione di quelle a maggiore contributo cognitivo delle persone. In prima battuta ciò è tanto più vero nelle mansioni impiegatizie che in quelle operaie.

Oggi la parola «impiegato», peraltro, racchiude lavori ormai estremamente diversi e poco raggruppabili in un'unica categoria. Mentre la pubblicistica, non solo italiana, parla di come i robot cancellino i posti di lavoro degli operai, il lavoro «impiegatizio» è quello che da più tempo è scosso da cambiamenti e anche da sostituzioni. Da questo punto di vista lo smart working è una buona occasione non solo per «ridurre i costi» ma soprattutto per ripensare il lavoro e realizzare una vera propria rivoluzione di senso.

Il digitale è un fattore abilitante del lavoro impiegatizio 4.0 ma non solo: ne cambia la natura. L'impiegato smart lavora per obiettivi, programma, progetta. Proprio questa sua evoluzione ne può consentire una minore sostituibilità da algoritmi e macchine intelligenti.

Purtroppo però, allo stato attuale, più di 6 milioni di famiglie in Italia non usano internet.

Invecchiamento demografico

A livello globale si sta verificando un diffuso invecchiamento della popolazione che non ha precedenti; la percentuale di anziani (persone di età superiore ai 64 anni) dovrebbe aumentare del 50 per cento, passando dall'8 per cento su scala globale nel 2010 al 12 per cento nel 2030.

Sempre meno bambini e sempre più anziani. Da qui al **2050** è inevitabile questa dinamica demografica secondo l'OCSE e il declino delle nascite è un fattore comune a livello globale. Alla base c'è un problema di infertilità crescente, secon-

Figura 2 Famiglie per uso internet e caratteristiche sociodemografiche. Anno 2019 (composizioni percentuali)

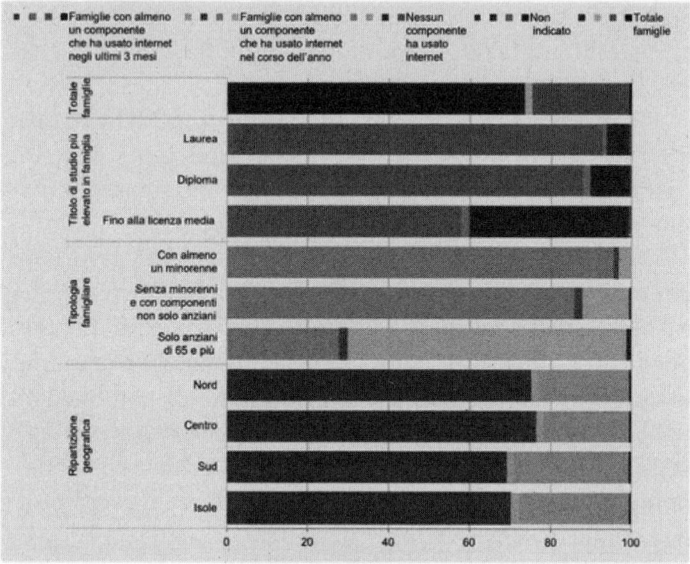

Fonte: Istat, Indagine Multiscopo "Aspetti della vita quotidiana"

do il Rapporto dell'Unfpa, *The state of World Population 2018. The power of choice. Reproductive rights and the demographic transition*, ma al di là della biologia c'è un problema economico. La Finlandia, che è la nazione nordica con il più basso tasso di fertilità, ha deciso di invertire la tendenza con una politica della famiglia innovativa: l'aumento del congedo parentale da 11,5 mesi a più di 14 mesi, con entrambi i genitori che ricevono una quota uguale di 164 giorni a testa. Basterà? Secondo un'inchiesta dell'«Economist»[7] si tratta di piccole gocce nel mare e l'Europa è destinata a perdere almeno il 5 per cento della popolazione attuale da qui al 2050 e l'età media s'innalzerà a 47 anni (nove anni in più rispetto al 2000).

7. In «The Economist», *Demography could be yet another force for divergence within the EU*, 11 gennaio 2020.

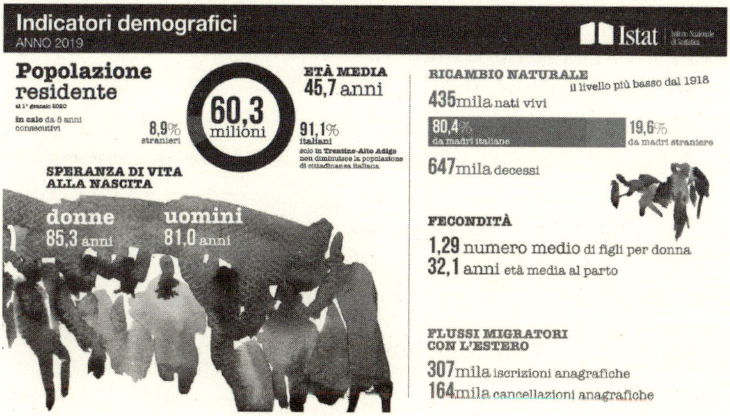

I baby boomer in pensione[8]

Solo gli ultraottantenni ne hanno memoria, ma alla fine della Seconda Guerra Mondiale, che aveva ridotto in cenere vaste aree d'Europa, il continente fu anche allora alle prese con la ricostruzione. Il boom del dopoguerra, caratterizzato dalla disponibilità di ingenti risorse per la ricostruzione e da un clima di maggiore speranza e fiducia, ha visto anche un incremento del tasso di natalità che, tra il 1946 e il 1964, ha registrato un'impennata in molti Paesi europei. In Italia, per esempio, nel 1946 il numero di nascite superò il milione di unità, nel 2019 fu di 435.000. E così nacque la generazione dei baby boomer. In Italia

8. Sitografia di riferimento per il paragrafo: 1) https://unstats.un.org/unsd/demographic-social/products/dyb/dybsets/1949-50 per cento20DYB.pdf, S.283; 2) https://www.cbs.nl/en-gb/publication/2012/17/-/media/32874a03df2e4fba81e4968dfcaa6ab7.ashx; 3) http://www.pewresearch.org/fact-tank/2019/01/17/where-millennials-end-and-generation-z-begins/ft_19-01-17_generations_2019/; 4) https://www.population-europe.eu/pop-digest/baby-boom-grandparent-boom; 5) http://www.dfpa.info/wirtschaft-maerkte-studien-news/berenberg-bank-die-luecke-in-der-altersvorsorge-ist-real.html; 6) https://www.handelsblatt.com/politik/deutschland/alterssicherung-was-deutschland-vom-rentensystem-in-anderen-eu-laendern-lernen-kann/22653380.html?ticket=ST-3651361-7UDaPsdT9WcHhAe-aG5l2-ap3

il boom economico durò più precisamente un decennio, dal 1955 al 1965. Periodo caratterizzato da alta produttività e bassi salari. Raccogliendo i frutti del miracolo economico dell'Europa del dopoguerra, i baby boomer hanno beneficiato di decenni di ripresa, contribuendo a loro volta alla forte crescita economica.

Dal 1955 sono passati 65 anni e ciò segna questa fase come un periodo di ingenti pensionamenti.

Le promesse di sostituzione di 3 giovani lavoratori con un pensionato sono bufale sia dal punto di vista demografico che professionale.

In altre realtà «il posto» di lavoro del pensionato si estingue con il suo pensionamento a causa dell'obsolescenza delle skill (professionalità) di cui era dotato.

L'invecchiamento della popolazione è un megatrend economico in atto a livello globale, con Europa e Giappone che fanno da capofila. Su questo aspetto si concentra l'analisi dell'«Economist» sul futuro dell'Europa, che evidenzia come il cosiddetto tasso di sostituzione tra over 65 e persone in età lavorativa stia aumentando in maniera vertiginosa: nel 2015 era del 25 per cento (per ogni over 65 c'erano quattro nuove risorse lavorative), nel 2050 il rapporto sarà del 50 per cento (un over 65 per ogni lavoratore). Tra i Paesi meglio posizionati c'è la Germania, dove la natalità regge, mentre accanto alla Bulgaria in coda alla classifica ci sono i Paesi dell'Europa del Sud, Italia compresa.

Questo trend demografico ha come conseguenza uno squilibrio economico che può essere colmato con politiche intelligenti sull'immigrazione, con un aumento delle donne che lavorano, con una formazione continua delle persone ma anche, come vedremo, con la trasformazione del lavoro verso una migliore work-life balance. Tutte soluzioni che sono al centro delle discussioni politiche che vanno sotto il cappello del welfare in tutta Europa.

Senza una capacità forte di costruire politiche sulla base dei megatrends, nei prossimi 30-40 anni i Paesi a maggiore invecchiamento subiranno una grandissima erosione del Pil. Ne sono esempio le previsioni del Fondo Monetario Internazionale

(FMI) sul Giappone, in cui si stima un calo del 25 per cento nei prossimi 40 anni proprio a causa del declino demografico e del rapido invecchiamento.

L'invecchiamento demografico[9] è spesso considerato come un problema che riguarda solo i paesi occidentali, ma di fatto l'Asia-Pacifico, l'America Latina e i Caraibi registreranno la crescita più rapida della percentuale di anziani. Le prime 50 città a livello mondiale in termini di Pil registreranno un «tasso di dipendenza» degli anziani più alto tra il 2010 e il 2030. L'unico megatrend in controtendenza e che ci riguarda da vicino è rappresentato dal continente africano, attualmente abitato da 1,1 miliardi di persone e che si stima diventeranno 4,4 miliardi nel 2100.

Giappone, Italia e Germania sono alcuni dei Paesi con un tasso di dipendenza dagli anziani particolarmente elevato. La capacità di questi Paesi di migliorare la produttività attraverso l'innovazione e la tecnologia sarà cruciale per supportare la crescita economica. Tuttavia le grandi città sono spesso più difensive in questo senso. Secondo le proiezioni, ad esempio, il tasso di dipendenza dagli anziani a Monaco sarà del 37 per cento, il 9 per cento in meno rispetto alla media nazionale tedesca nel 2030.

Nonostante i timori che l'invecchiamento della popolazione possa causare un rallentamento della crescita, gli anziani costituiscono una classe importante della domanda. Quelli che conosciamo come «generazione X» saranno gli anziani di domani e avranno modelli di consumo molto diversi da quelli degli anziani di oggi. Ma soprattutto avranno bisogni sociali e gestione dei tempi di vita e di lavoro completamente stravolti. Data la maggiore aspettativa di vita, più persone potrebbero decidere di rimandare il momento della pensione o di lavorare part-time.

9. FMI, World Economic and Financial Surveys, Regional Economic Outlook Asia and Pacific, Preparing for Choppy Seas 2017.

Un'epoca di invecchiamento "senza precedenti"*

Il mondo sta invecchiando: l'invecchiamento delle popolazioni potrebbe rallentare la crescita economica.

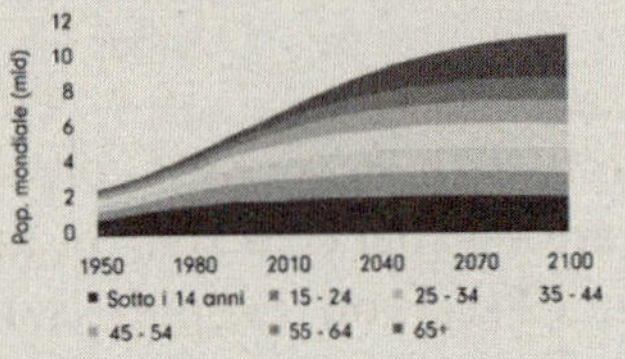

Si prevede che il numero delle persone con un'età superiore ai 60 anni sarà più che raddoppiato entro il 2050, crescendo dai 962 mln del 2017 fino a 2,1 mld.[1]

55

Entro il 2050, le popolazioni di 55 paesi saranno composte per un terzo da persone con un'età superiore ai 60 anni.[1]

*Nazioni Unite

L'economia della longevità: una forza sempre più potente[20]

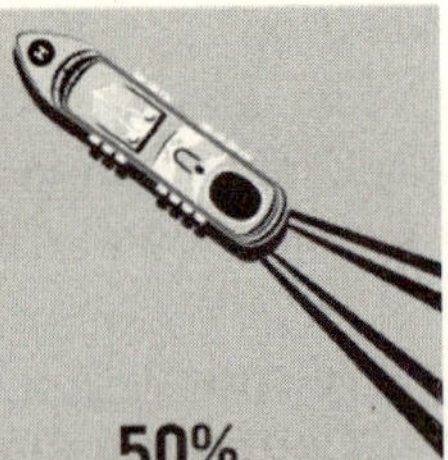

L'economia della longevità fa riferimento alla spesa delle persone over 50 e al relativo impatto sui posti di lavoro, i salari e la produttività.

$15.000 mld

$15.000 mld Il potere di acquisto delle persone over 60 entro il 2020

$7.100 mld

Il valore che raggiungerà l'economia della longevità statunitense, diventando la terza economia mondiale

50%

Quota del PIL USA e giapponese che questa economia genererà entro gli anni '30 del 2000.

"Dividendo demografico" in India e Nigeria

Entro il 2050, la forza lavoro potenziale dell'India salirà da 885 mln a 1,12 mld.[4]

In Giappone, le vendite di pannolini per adulti superano quelle per bambini.[5]

Con un numero più elevato dei lavoratori rispetto alle persone non occupate, India, Nigeria e le Filippine potrebbero assistere a una trasformazione economica.[6]

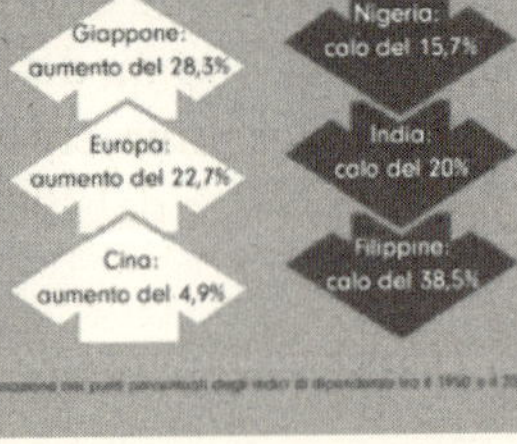

Transizione della struttura anagrafica a livello globale e nazionale

Per tutti questi motivi, «una delle sfide più grandi dell'ordine globale nei decenni a venire sarà l'invecchiamento della popolazione»[10].

Vivere più a lungo implica anche una maggiore tendenza a spendere: si prevede che, entro il 2030, la spesa al consumo delle persone anziane rappresenterà il 50 per cento del prodotto interno lordo in Giappone e USA. I Paesi con una popolazione in rapida crescita, invece, beneficeranno di una forza lavoro più giovane. Prendiamo ad esempio l'India. Entro il 2050, la forza lavoro potenziale del Paese salirà prevedibilmente a 1,12 miliardi, con un calo del tasso delle persone inoccupate al 21 per cento.

L'Italia è un Paese che invecchia. Uno degli elementi fondamentali è il cambiamento dei bisogni sociali delle famiglie.

In sintesi:

Continua a diminuire la popolazione: al 1° gennaio 2020 i residenti ammontano a 60 milioni 317.000, 116.000 in meno su base annua.

Aumenta il divario tra nascite e decessi: per 100 persone decedute nascono soltanto 67 bambini (dieci anni fa erano 96).

Positivi ma in rallentamento i flussi migratori netti con l'estero: il saldo è di +143.000, 32.000 in meno rispetto al 2018, frutto di 307.000 iscrizioni e 164.000 cancellazioni.

Ulteriore rialzo dell'età media: 45,7 anni al 1° gennaio 2020[11].

Nei prossimi 20 anni le persone tra 50 e 60 anni che usciranno dal mondo del lavoro sono circa 10 milioni. Le persone tra 15 e 25 anni che entreranno sono circa 6 milioni. C'è una vera e propria bomba demografica in arrivo.

Per ottenere una crescita del Pil nulla è necessario che la produttività cresca del 20 per cento e cioè dell'1 per cento all'an-

10. S. Harper, Oxford Institute of Population Ageing.
11. Report statistico Istat su indicatori demografici 2019 pubblicato 11 febbraio 2020.

no. Nel periodo 2003-2017 la crescita della produttività è stata inferiore allo 0,1 per cento[12].

Report statistico Istat su indicatori demografici 2019 pubblicato l'11 febbraio 2020

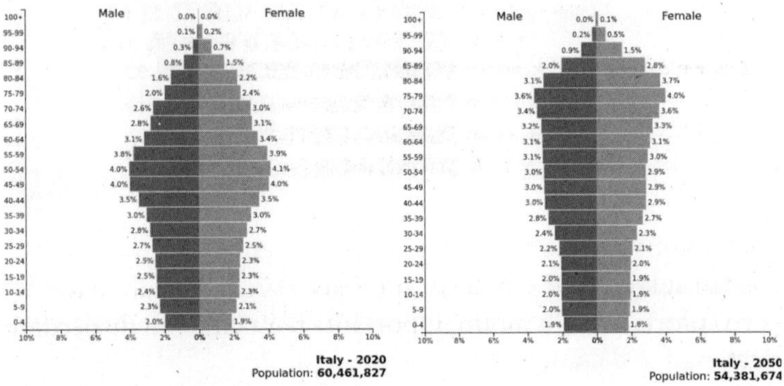

Questi fenomeni modificano le nostre vite, i bisogni sociali e in questo senso il lavoro agile, se prima rappresentava una sfida, oggi rappresenta una necessità urgente.

L'invecchiamento della popolazione e della forza lavoro, la bassa natalità e l'innalzamento dell'età in cui si hanno figli determinano per la fascia di lavoratori tra i 35 e 55 anni un maggiore onere di cura dei figli e dei genitori anziani. Il lavoro agile è certamente un istituto in grado di permettere una migliore conciliazione dei tempi di vita e di lavoro. Lo smart working è un modo di lavorare che andrà a beneficio anche delle fasce di lavoratori che vedono la loro età pensionabile spostarsi sempre più avanti (e non solo di coloro che hanno l'onere di prendersi cura dei figli o dei genitori anziani), anche se saranno proprio queste persone ad avere un maggiore bisogno di formazione per incrementare le loro competenze digitali e per far sì che utilizzino appieno e correttamente gli strumenti che vengono loro assegnati per lavorare.

12. F. Barbiellini Amidei, M. Gomellini e P. Piselli, *Il contributo della demografia alla crescita economica: duecento anni di storia italiana, Questioni di economia e finanza*, Occasional Papers Banca d'Italia, n. 431, 2018.

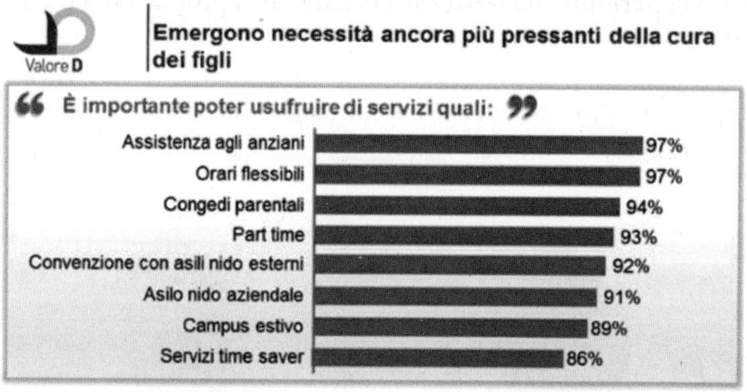

Ma il lavoro di chi deve ripensare l'organizzazione del lavoro «plurietà» sarà molto importante per evitare di disperdere ricchezza.

Tokyo e Roma e la società 5.0

Il concetto giapponese di Società 5.0[13] non si rivolge solo all'economia, ma anche alla popolazione, promuovendo quindi l'idea di Super Smart Society, dove l'Information Technology e l'Intelligenza Artificiale andranno a delineare il profilo di una nuova società super-intelligente e dove cambieranno molte cose.

Impresa 4.0 guarda al miglioramento dell'area di produzione con l'utilizzo del IT, Società 5.0 invece si rivolge a tutte le aree del nostro lavoro e della nostra stessa vita. La tradizionale capacità dei giapponesi di costruire programmi, pensieri e progetti di lungo periodo, deve essere per noi un esempio.

Italia e Giappone sono due popoli che hanno a che fare con l'invecchiamento della popolazione. La società 5.0 è una prospettiva di utilizzo delle tecnologie «persona-centrica», al

13. https://www.toolsforsmartminds.com/it/insight/blog/164-society-5-0-come-sara-la-societa-che-troveranno-i-nostri-figli

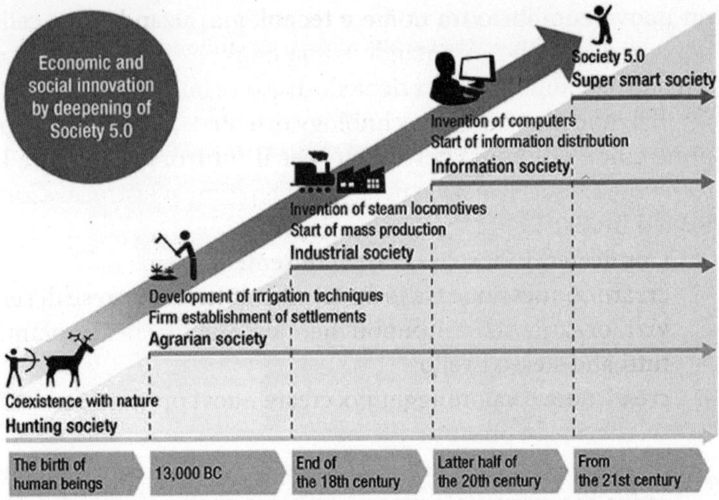

fine di considerare le tecnologie come fattori abilitanti di un invecchiamento che produca una maggiore integrazione e partecipazione civile.

Abbattere i muri per raggiungere una «Super Smart Society»

Secondo uno studio dell'Associazione industriale giapponese Keidanren, per raggiungere una Super Smart Society si devono «abbattere cinque muri» che ostacolano l'evoluzione del Paese:

1. **impedimenti amministrativi;**
2. **impedimenti legali;**
3. **impedimenti di conoscenze in tema di digitalizzazione;**
4. **impedimenti di forza lavoro;**
5. **impedimenti di accettazione da parte della popolazione.**

Come sostiene Keiju Matsushima, uno dei massimi esperti mondiali di robotica e Internet of Things: «Per rendere sostenibile la società del prossimo futuro non si può pensare di arrestare la rivoluzione digitale, ma si deve lavorare per ritrovare un nuovo equilibrio tra uomo e tecnologia, alzando l'asticella dei nostri obiettivi e puntando a una miglior qualità della vita. Un nuovo equilibrio che ci richiede di essere uomini pensanti»[14].

È il modello «human technology oriented», scelto dal Giappone come guida di riferimento per il futuro, che rimette la tecnologia al servizio della persona ed ha come pilastro la «Connected Industries»[15].

Connected Industries che ci consente di:

- creare connessione tra industrie produttive, imprese di servizi, organizzazioni pubbliche, persone fisiche, impianti, tutti allo stesso livello;
- creare nuovo valore aggiunto, creare nuovi prodotti / servizi, migliorare la produttività;
- risolvere problemi sociali come l'invecchiamento, la mancanza di personale, i vincoli ambientali ed energetici;
- rafforzare la competitività industriale, migliorando la vita delle persone in un contesto di sano sviluppo dell'economia.

Cuore della strategia di sviluppo giapponese sono le piccole e medie imprese, che costituiscono il tessuto produttivo di riferimento del Paese, identificate per raggiungere la crescita sostenibile di medio e lungo termine necessaria alla società 5.0. L'«industria connessa» consiste nella connessione tra industrie produttive, imprese di servizi, organizzazioni pubbliche, macchine e persone oltre i confini fisici e oltre le generazioni, per una continua generazione di valore aggiunto. Questo modello, attraverso l'Internet of Things, l'uso dei robot e i big data, consente di migliorare la produttività, la qualità del lavoro e di ridurre i costi. Grazie allo smart working permette, inoltre, a uomini, donne e anziani di entrare più facilmente nel mondo del lavoro.

La vera rivoluzione consiste tuttavia nel declinare su larga scala le conquiste della «Connected Industries». La digitalizza-

14. https://www.considi.it/19345/

15. https://www.lastampa.it/tecnologia/idee/2017/10/19/news/dall-industria-4-0-alla-societa-5-0-il-contributo-del-giappone-alla-iv-rivoluzione-industriale-1.34405327

zione, infatti, ha le potenzialità di aiutarci a cambiare i mestieri a discapito di quelli alienanti, a creare nuovo valore riducendo la disoccupazione, limando le iniquità sociali, e a risolvere problemi come l'invecchiamento, la mancanza di personale, i vincoli ambientali ed energetici. In tema di nuove professioni, ad esempio, la tecnologia sta contribuendo a ridisegnare le attività produttive: le aziende possono rinunciare a una forza lavoro «fisica» evitando attività logoranti e dannose. In sostanza sarà necessario sostituire la manodopera con le mentidopera[16], poiché le aziende avranno sempre più fame di *professioni della conoscenza*. Per rendere sostenibile la società del prossimo futuro non si può pensare di arrestare la rivoluzione digitale, ma si deve lavorare per ritrovare un nuovo equilibrio tra uomo e tecnologia, alzando l'asticella dei nostri obiettivi e puntando a una miglior qualità della vita. Un nuovo equilibrio che ci richiede di essere uomini pensanti. Le politiche dei governi e le scelte strategiche delle aziende devono essere quindi focalizzate alla crescita delle persone e allo sviluppo di nuove competenze ad alto valore aggiunto.

La società 5.0 è quindi una società super-intelligente in cui tecnologie come big data, Internet of Things (IoT), intelligenza artificiale (AI) e robot si fondono in ogni settore e in tutti i segmenti sociali. La speranza è che questa rivoluzione informatica e tecnologica sia in grado di risolvere problemi che sono attualmente impossibili, rendendo la vita di tutti i giorni più confortevole e sostenibile.

L'essenza della società 5.0 è che sarà possibile ottenere rapidamente la soluzione più adatta per soddisfare i bisogni di ciascun individuo[17].

16. *Ibidem*.
17. S. Abe, primo ministro giapponese alla Conferenza internazionale sul futuro dell'Asia nel 2017.

I tempi di lavoro dell'epoca fordista

Dalla nascita delle prime fabbriche, in cui le condizioni di lavoro erano durissime, uno degli aspetti da tutelare con forza, tra gli altri, era l'orario. Pensate che la Festa del lavoro del 1° maggio nasce proprio dalla rivendicazione delle 8 ore, in aziende in cui si lavorava oltre le 10, 12 ore consecutive.

«Otto ore di lavoro, otto di svago, otto per dormire»: con questo slogan, coniato in Australia nel 1855, e condiviso da gran parte del movimento operaio dei primi del '900 si aprì, infatti, la strada a rivendicazioni per migliorare le condizioni di lavoro[18].

Dal congresso dell'Associazione internazionale dei lavoratori, la Prima Internazionale, riunito a Ginevra nel settembre 1866, scaturì la proposta concreta: «Otto ore come limite legale dell'attività lavorativa». A sviluppare un grande movimento di lotta sulla questione delle otto ore furono soprattutto le organizzazioni dei lavoratori statunitensi.

18. http://www.storiaxxisecolo.it/larepubblica/repubblica11.htm

Lo Stato dell'Illinois, nel 1866, approvò una legge che introduceva la giornata lavorativa di otto ore, ma con limitazioni tali da impedirne l'estesa ed effettiva applicazione. L'entrata in vigore della legge era stata fissata per il 1° maggio 1867 e per quel giorno venne organizzata a Chicago una grande manifestazione. Circa 10.000 lavoratori diedero vita al più grande corteo mai visto per le strade della città americana. Nell'ottobre del 1884 la Federation of Organized Trades and Labour Unions indicò nel 1° maggio 1886 la data limite, a partire dalla quale gli operai americani si sarebbero rifiutati di lavorare più di otto ore al giorno.

Il 1° maggio 1886 cadeva di sabato, allora giornata lavorativa, ma in 12.000 fabbriche degli Stati Uniti 400.000 lavoratori incrociarono le braccia. Nella sola Chicago scioperarono e parteciparono al grande corteo in 80.000. Tutto si svolse pacificamente, ma nei giorni successivi scioperi e manifestazioni proseguirono e nelle principali città industriali americane la tensione si fece sempre più acuta.

Il 20 luglio 1889 il congresso costitutivo della Seconda Internazionale, riunito a Parigi, decise che «una grande manifestazione sarebbe stata organizzata per una data stabilita, in modo che simultaneamente in tutti i Paesi e in tutte le città i lavoratori avrebbero chiesto alle pubbliche autorità di ridurre per legge la giornata lavorativa a otto ore». La scelta cadde sul 1° maggio dell'anno successivo, appunto per il valore simbolico che quella giornata aveva assunto.

In Italia come negli altri Paesi il «grande successo» del 1° maggio, concepito come manifestazione straordinaria e unica, indusse le organizzazioni operaie e socialiste a rinnovare l'evento anche per il 1891. Nella capitale la manifestazione era stata convocata in pazza Santa Croce in Gerusalemme, nei pressi di San Giovanni. In Italia il fascismo decise la soppressione del primo maggio, che durante il ventennio fu fatto coincidere con la celebrazione del 21 aprile, il cosiddetto Natale di Roma. Il 1° maggio tornò a celebrarsi nel 1945, sei giorni dopo la liberazione dell'Italia.

La prima convenzione approvata dall'International Labour Organization – Hours of Work (Industry) Convention,

1919 (n. 1) – riguarda la limitazione dell'orario di lavoro dipendente.

Ad eccezione delle sole posizioni manageriali e di supervisione, la Convenzione (art. 2) impone nel settore pubblico e privato un doppio limite massimo alle ore lavorate, tassativo e inderogabile: 8 ore giornaliere e 48 ore settimanali. Solo in presenza di un accordo sindacale, il limite può essere derogato a un massimo di un'ora giornaliera «a recupero», laddove in alcuni giorni si lavori meno di 8 ore. In ogni caso, la media di ore di lavoro, rilevata nell'arco di 3 settimane consecutive, deve essere pari a 8 ore al giorno e 48 ore a settimana, con il vincolo di un massimo di 9 ore al giorno.

Altre eccezioni sono: lavoro urgente alle macchine utensili, cause di forza maggiore, lavorazione continue di processo (ad esempio, altoforno) dove si lavorava anche 72 ore la settimana.

In Italia il regio decreto legge 15 marzo 1923 n. 692, convertito in legge 17 aprile 1925 n. 473, fissava in 8 ore giornaliere e 48 ore settimanali l'orario massimo. Negli anni '60-'70 si scende fino a poco di più di 40 ore settimanali. Anticipato da una direttiva europea del 1993, la legge porta l'orario dalle 48 ore alle 40 solo il 12 novembre del 1997.

Se 8 ore vi sembran molte...

Nel 2015 in un noto quotidiano nazionale ebbi modo di dire: finalmente «impugniamo la bandiera della libertà d'orario». Ripensiamo il lavoro, la sua organizzazione, le produzioni.

Troppi sindacalisti dissero «la scelta deve essere volontaria», in alcuni grandi gruppi si fecero «regolamenti aziendali» per rifiuto di una parte del sindacato di farne un accordo, altri dissero «difendiamo le 8 ore», altri «ci saranno negative ricadute salariali», alludendo alla maggiore difficoltà di fare straordinari.

Insomma, un dibattito che andava bene negli anni '70 e che oggi fa sorridere.

Anche nel lavoro tradizionale l'azienda chiede, già ora, la responsabilità del risultato del proprio lavoro al lavoratore: non capire che tale responsabilità necessita di autonomia e libertà per diventare un valore significa non conoscere più il lavoro.

Lo smart working contiene dei rischi da governare e ne parleremo più avanti, ma non capire che serve un nuovo pensiero del lavoro post-novecentesco vuol dire partecipare ad un dibattito sterile e di retroguardia.

Per capirci, se già sono responsabile del risultato del mio lavoro, pur avendo dei tempi di consegna, quando, come e dove lo svolgo non possono diventare elementi di libertà che fanno vincere lavoratore e impresa?

1.3 *Ripensare lo spazio di lavoro*

I luoghi di lavoro riflettono le gerarchie e le necessità di vecchi modelli organizzativi. La prossimità a una macchina, il piano in cui è collocato l'ufficio, la qualità della mobilia, la metratura, la presenza della pianta, del frigobar: sono tutti aspetti che si legano alla vecchia idea statica per cui è sempre necessario non lasciare sola una macchina per otto ore o sedersi ogni giorno dietro la stessa scrivania. In realtà sono aspetti che si legano ad un concetto di lavoro non basato sul raggiungimento degli obiettivi, sull'autonomia e responsabilizzazione dei lavoratori ma legato ad un concetto di controllo e di «micromanagement»: sono cioè vincoli posti a un lavoro libero e creativo. La progettazione condivisa di nuovi spazi spinge a modalità più intelligenti di gestione delle mansioni e delle attività.

Uno spazio di lavoro intelligente: abolire gli uffici?

Ripensare gli uffici e gli spazi di lavoro è il punto di partenza per creare benessere, aumentare la produttività e innovare il lavoro e l'impresa[19]. Questo paragrafo è il frutto di un lavoro di collaborazione con un gruppo come eFM veramente all'avanguardia su questo campo. eFM è una delle società che sta lavorando su spazi, tecnologia e comportamenti, allo scopo di

19. https://www.digital4.biz/hr/smart-working/idee-per-migliorare-ufficio/

rendere i luoghi di lavoro sensibili e capaci di ascoltare chi li abita.

Oggi lavoriamo in uffici che non rispecchiano più l'attuale paradigma lavorativo. Spesso sono collocati al centro delle grandi città, sono edifici costruiti per altre finalità e che per comodità o opportunità sono convertiti ad uffici, ma a quale costo?

Il primo è sicuramente economico, mediamente il 50 per cento degli spazi non è utilizzabile per lavorare e quel restante 50 per cento di spazio idoneo viene occupato dal 60 per cento al 70 per cento (il restante 23-33 per cento sono persone all'interno dell'edificio ma in luoghi diversi, il 5-7 per cento sono vuote). Per i dirigenti che hanno una stanza singola i numeri sono ancor più eloquenti: lavorano nella postazione da soli per il 18 per cento, per il 22 per cento sono al tavolo riunioni con altri colleghi, mentre lasciano la stanza vuota per il restante 60 per cento del tempo.

In generale i lavoratori così ripartiscono mediamente la loro giornata: per il 60 per cento in attività individuali, per il 6 per cento al telefono, il 30 per cento in attività di collaborazione (formali per il 24 per cento, informali per il 6 per cento), il restante è break o pausa per fumare una sigaretta.

I costi riferiti agli immobili (real estate) rappresentano la seconda voce di spese per le aziende subito dopo quella del personale: 1 mq di spazio costa alle aziende mediamente 300 €/anno.

Ridurre di 1.000 mq significa avere 300.000 euro di costi in meno all'anno e se questa riduzione fosse convertita in spazi co-working, palestre, asili aziendali potrebbe rappresentare nuovo welfare.

Gli attuali spazi aziendali pregiudicano pensiero e condivisione

Secondo lo studio di una società di consulenza focalizzata sui valori immobliari, il 74 per cento del valore nelle aziende viene generato durante le attività che riguardano il pensare, il confrontarsi e il fare brainstorming, ma con le tradizionali configurazioni degli spazi i lavoratori passano meno di un quarto del tempo su queste attività, gli spazi a disposizione non le favoriscono.

Secondo un altro istituto di ricerca, l'82 per cento dei lavoratori oggi non si sente (coinvolto) «engaged» con l'azienda[20].

Ma possono le nuove modalità di lavoro venire in aiuto?

Sembrerebbe di sì, complice il lavoro agile stiamo assistendo ad una trasformazione digitale del lavoro sempre più flessibile nel tempo e nello spazio, che lascia al lavoratore maggiore margine di scelta nel dove e nel quando lavorare.

Allora gli uffici diventano un'alternativa alle proprie case, agli spazi co-working, ai luoghi pubblici e sperimentano l'Activity Based Working ovvero mettono a disposizione dei lavoratori gli spazi più idonei alle diverse attività che dovranno svolgere: spazi collaborativi o individuali, zone creative o per la focalizzazione.

Vengono meno le inefficienti e costose postazioni assegnate (economia del possesso) e aumentano le alternative / esperienze a cui si può accedere senza limiti (economia della condivisione).

Un approccio *win-win* per le aziende e per i lavoratori: i dipendenti hanno spazi più confortevoli, salubri e adeguati alle attività che dovranno svolgere; le aziende diminuiscono i costi fissi immobiliari.

Infatti, secondo l'esperienza di eFM nel design e nella realizzazione dei digital workplace evolution, le aziende che stanno riprogettando gli spazi activity based e che adottano lo sharing delle postazioni di lavoro individuali dimensionano inizialmente gli uffici con una ratio del 1,05 - 1,10 persone per postazione (significa mettere 100 scrivanie ogni 105 o 110 persone). Dopo poco si accorgono che tali postazioni sono ancora vuote e si spingono fino ad 1,3 persone per scrivania e nel caso di eFM fino a 1,5!

Le aziende stanno fornendo anche alternative «altre» rispetto alla propria sede, sono sempre di più quelle che acquistano pacchetti di luoghi esperienziali da offrire ai dipendenti, come ad esempio quelli offerti da Myspot, start-up di eFM che ha

20. Gallup Report, *State of the Global Workplace*, New York 2019.

censito e certificato spazi di co-working, luoghi pubblici e persino librerie e teatri da offrire ai nomadi digitali o a chi vuole un'alternativa al lavoro da casa.

Lavorare fuori dagli uffici non solo fa bene ai costi fissi ma aumenta anche la redditività: ad esempio in eFM, dopo un periodo di rodaggio del lavoro agile, nel secondo semestre 2019 aumentando il numero delle giornate di lavoro svolte fuori dall'ufficio si è registrato un incrementato dell'EBITDA: un incremento del 90 per cento del lavoro agile ha portato ad un aumento del 70 per cento del margine[21].

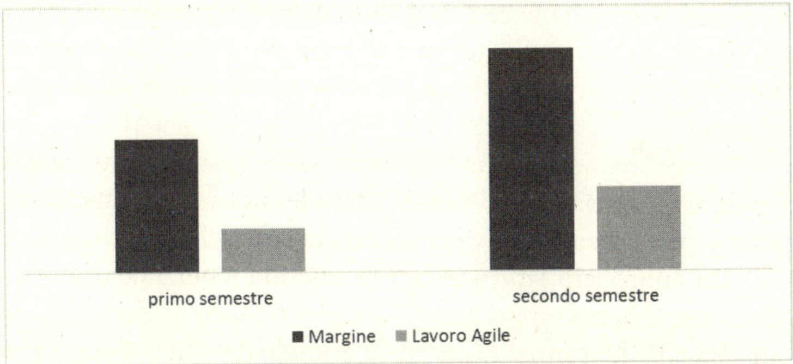

Analizzare il tempo del lavoro e ridisegnarne lo spazio

Alcune evidenze:

- il 70 per cento delle attività di collaborazione viene svolta da un massimo di 5 persone, si arriva al 90 per cento per riunioni fino ad 8 persone (il restante 10 per cento degli incontri occupa più di 9 persone).
- Il momento peggiore per la produttività e l'umore è il momento delle riunioni.
- Il momento migliore della giornata è il pranzo con i colleghi (si percepisce una produttività non nulla perché si incontrano persone e si risolvono spesso problemi, mentre l'umore è il migliore della giornata lavorativa).

21. http://www.efmnet.com

- Il momento più produttivo è valutato quello dell'attività individuale o del confronto con il capo per scambiarsi indicazioni o rivedere attività svolte.
- Più del 70 per cento (nelle aziende che non hanno adottato il lavoro agile) dichiara che preferirebbe maggiore flessibilità di orario/luogo rispetto a benefit o servizi.

Si può pensare ad activity based working solo quando si è lavorato un po' sulla dematerializzazione dei processi. Nelle grandi aziende il principale motivo per cui si stampa un documento è «per presentarlo in una riunione o al proprio capo» (il 56 per cento delle persone dichiara di farlo «spesso»). Il 60 per cento delle persone stampa le mail più volte a settimana (non gli allegati, il testo della mail). Facendo un percorso di dematerializzazione dei processi e di sensibilizzazione, l'acquisto delle risme di carta si riduce di più del 40 per cento. L'utilizzo degli archivi/armadi può essere ridotto di più del 75 per cento.

Se ridiamo centralità alla persona, tutto cambia

Nel biennio 2007-2008 due eventi rivoluzionano le strategie di mercato delle aziende. Il 9 gennaio 2007 Steve Jobs annuncia al mondo il primo iPhone. Da quel momento cambia il rapporto delle persone con la tecnologia. Fino ad allora la telefonia e la messaggistica erano le funzioni essenziali di un cellulare, per cui il fattore innovativo determinante per vincere la concorrenza tra aziende produttrici era la dimensione del telefono: ridurre la grandezza significava vincere la sfida tecnologica. Con l'iPhone cambia la funzione di marketing: la variabile decisiva non è più la dimensione ma la ampia gamma di servizi offerti: «Un telefono rivoluzionario, un iPod e un dispositivo per la comunicazione su internet. Tutto in un unico device». Non si produce in funzione della visione dei tecnici, ma diventa centrale il punto di vista delle persone che utilizzano il telefono.

Nel 2008 la crisi finanziaria si trasforma in crisi industriale in seguito al fallimento di Lehman Brothers. Le aziende cercavano in ogni modo di tagliare i costi, anche attraverso il contenimento degli spazi. Le società come eFM erano all'avanguardia nell'abbassare i costi attraverso l'ottimizzazione degli spazi. Ma «Spaces Efficiency» sarebbe rimasto un concetto statico e alla lunga perdente senza un adeguato investimento sul benessere delle persone. Furono assunti psicologi, sociologi e antropologi per identificare soluzioni organizzative che individuassero un equilibrio tra esigenza di contenere gli spazi e quella del benessere del personale.

Progettando gli spazi per migliorare il benessere delle persone si incentiva il loro engagement[22] e si migliora la loro produttività.

Uno spazio di lavoro smart e funzionale alle diverse attività

Per un lavoro smart ci vuole uno spazio smart. La formula degli uffici open space non si è rivelata vincente perché quel che l'azienda guadagnava dal lato dei costi, attraverso il taglio dei mq per dipendente, lo perdeva in termini di produttività, perché l'ambiente non era consono a un rendimento adeguato del lavoratore.

Un'azienda che punta sul lavoro agile deve riprogettare gli spazi, diversificandoli all'interno di uno stesso ambiente. I lavoratori devono quindi poter accedere liberamente a spazi con una diversa funzione (social, private, agile, formal).

In questo senso, come sostiene Alessandro Adamo[23], vanno disegnati spazi che accolgano i gruppi di lavoro cross-funzionali – cioè formati da lavoratori con competenze eterogenee e che svolgono mestieri differenti o sono allocati in aree o staff diversi – costituiti per sviluppare e portare a compimento un determinato progetto.

Coerentemente alle ricerche condotte dall'Osservatorio Smart Working e alle esperienze di Degw e eFM, per creare un luogo di lavoro Smart occorre compiere cinque passi fondamentali.

22. Creare appartenenza e ingaggio supera l'idea del dipendente che attende indicazioni e assume un ruolo «adulto» che sa cogliere le opportunità, sa motivarsi e prende iniziativa e sa che l'apprendimento appartiene alla sua crescita personale e alla dotazione del suo capitale intellettuale.
23. Consulente e direttore di Degw, società che si occupa di *design thinking*.

5 Idee per un nuovo spazio del lavoro[24]

1. Creare spazi differenziati

È importante disporre di spazi diversi per dimensione, arredi e tecnologia a seconda delle diverse esigenze professionali. Ad esempio, gli ambienti avranno layout differenti se destinati al lavoro individuale o di gruppo, e a seconda del tipo di team work. Ci saranno aree project con desk comune e un monitor visibile a tutti, fornito delle infrastrutture tecnologiche adatte alla collaborazione e alla condivisione. Ci saranno aree riservate per telefonare e fare riunioni, isolate acusticamente, aree social, aree relax e aree verdi per gli incontri informali, per favorire lo scambio e il dialogo tra ambiti professionali diversi e la sinergia tra colleghi. Lo stesso ristorante aziendale è oggi un'area social aperta tutto il giorno, arredata per essere un ambiente ideale per riunioni tra colleghi, clienti e fornitori.

2. Alzare il livello di comfort dell'ambiente

In un ambiente confortevole sotto il profilo estetico, ergonomico e funzionale le persone lavorano meglio. Fondamentale la scelta dei colori, delle luci, degli arredi e rendere immediato l'accesso a strumenti e documenti. Grazie a Internet of Things – IoT oggi è possibile calibrare in modo preciso luci, ricambio d'aria e temperatura. Ed è scientificamente provato che colori, forme, suoni appropriati aumentino il livello di concentrazione e benessere nel corso di una prestazione lavorativa, anche sotto stress.

3. Dotarsi di strumenti per collaborare a distanza

Il lavoro smart necessita di una strumentazione idonea: rete wi-fi, piattaforma cloud per la condivisione documentale, per la collaborazione e l'apprendimento (ad esempio, community

24. G. Fiertler https://www.digital4.biz/hr/smart-working/idee-per-migliorare-ufficio/

professionali e programmi di *distance learning* interattivi, sincroni e asincroni), archiviazione elettronica dei documenti (ad esempio, fatturazione); instant messaging con possibilità di condividere documenti in tempo reale, web conference, voice mail, con interfaccia visiva e condivisione di desktop, stampa in cloud.

I lavoratori dispongono di un laptop e uno smartphone, ma occorre una infrastruttura di rete che faciliti nuovi comportamenti lavorativi e il passaggio a un modello organizzativo più innovativo.

4. Liberare le persone dalla necessità-obbligo della postazionc fissa

Attraverso il collegamento in rete e al server aziendale di tutti i notebook e gli smartphone è possibile accedere da ogni posizione ai documenti grazie ad app aziendali sviluppate per i device mobili, garantendo un livello minimo di sicurezza informatica da parte dell'azienda (Cybersecurity). Si parla in proposito di ufficio portatile, modalità che consente di passare rapidamente da un'attività all'altra dell'agenda quotidiana. I lavoratori sono stimolati a osservare le situazioni da più punti di vista, a collaborare e allargare i propri orizzonti, lasciando la loro cosiddetta confort zone. L'entrare in contatto con persone di altre divisioni o team può stimolare la creatività e la condivisione di best practice fra funzioni diverse che possono rendere più efficienti lo svolgimento delle attività e dei processi.

5. Dotarsi di sistemi per la riduzione del disturbo acustico

Il benessere del lavoratore dipende in larga misura anche dalla possibilità di svolgere la propria attività in un ambiente sufficientemente quieto e in cui sia garantita la privacy. A questo scopo è necessario che pareti, arredi e sistema acustico siano elementi di un progetto acustico coerente. Oggi è possibile dotarsi di stanze a guscio insonorizzate, poltrone avvolgenti e divani con alzate alte, così da creare barriere acustiche che isolino sale riunioni senza pareti, all'interno di ambienti più grandi. L'utilizzo di queste soluzioni ha il pregio della flessibilità, perché consente una ridefinizione degli spazi nel tempo al variare delle esigenze organizzative senza peraltro intervenire su struttura e impiantisca, che avrebbe costi molto alti.

Il ripensamento degli spazi del lavoro è comunque un processo che per ora interessa le aziende più innovative. In proposito Adamo spiega che «ciò che conta è avere un progetto coerente con la strategia aziendale, che non trascuri la relazione intercorrente tra organizzazione, business e ambiente di lavoro, digitalizzazione, benessere e produttività. Fare uno studio di fattibilità che analizzi le esigenze e i costi-benefici di interventi sugli spazi di lavoro per accelerare il business, definendo una strategia complessiva e poi procedere per gradi, per passi successivi coerenti, è oggi fondamentale».

Cambiare le attitudini e i comportamenti dei lavoratori ridisegnando gli spazi di lavoro?

L'autonomia, la libertà e la responsabilità, gli aspetti essenziali dello smart working, possono essere sviluppati a partire da una ridefinizione degli spazi di lavoro.

Una delle innovazioni più importanti in questo senso è lo Smart Work Hub; un workpalce innovativo disegnato proprio per favorire il cambiamento delle modalità di lavoro e delle dinamiche nelle organizzazioni.

Gli Smart Work Hub sono spazi condivisi che offrono strumentazioni tecnologiche e favoriscono la collaborazione tra le persone. All'interno sono organizzati in ambienti diversi, per rispondere a tutte le necessità lavorative: vi sono, di norma, open space con scrivanie in condivisione e dotazione di internet veloce e stampanti; stanze più piccole che possono fungere da meeting room, progettate per ospitare riunioni anche in videoconferenza; call room, dove è possibile telefonare in un ambiente riservato, e le quiet room, per brevi pause relax. Fanno parte di questa nuova concezione di ufficio anche cucina condivisa e bar, senza dimenticare palestre, asili nido e spazi per lo svago.

Gli Smart Work Hub sono stati concepiti per rispondere alle nuove sfide organizzative che hanno di fronte le imprese che fanno ricorso a schemi di lavoro a distanza. Gli obiettivi sono infatti:

- ridurre il **rischio di isolamento sociale e professionale dei «remote worker», favorendo un migliore equilibrio tra sfera lavorativa e privata;**
- promuovere una **cultura di scambio e condivisione della conoscenza**, favorendo la costruzione di nuove reti di prossimità fisica, e creando le condizioni per un maggiore sviluppo di interazioni e comunicazioni virtuali attraverso tecnologie di Unified Communication & Collaboration e quelle di Social Network & Community.

Gli Smart Work Hub possono essere di tipo corporate, cioè riservati ai lavoratori di un'azienda che ha deciso di introdurre lo smart working, oppure multi-user, quindi aperti a diversi tipi di professionisti che devono pagare un canone mensile.

Entrambe le tipologie sono funzionali a combattere l'isolamento sociale e professionale dai colleghi, perché sono il terreno ideale per lo sviluppo di opportunità di interazione anche «casuale» con persone che lavorano in altre aree, progetti o staff aziendali o persino, come accade nei multi-user Smart Work Hub, con lavoratori di altre aziende, autonomi, imprenditori e liberi professionisti.

Questo aspetto è stato sottolineato da numerose interviste rivolte ad alcuni smartworkers che hanno usfruito di questi spazi dopo una consuetudine al lavoro in ufficio o al telelavoro a casa.

Queste dinamiche di interazione sono state spesso sollecitate o incentivate da apposite figure professionali che, in funzione dei diversi bisogni professionali, hanno promosso una cultura della condivisione delle idee e delle esperienze, facendo opera di mediazione tra punti di vista differenti.

Indispensabile è anche la presenza di figure professionali di supporto all'utilizzo delle tecnologie, quali device mobili, piattaforme digitali, applicazioni business, cloud, wi-fi.

È proprio la possibilità di connettersi e di collaborare con i propri colleghi in spazi progetttati secondo i principi dell'Activity-Based Working, usufruendo di un supporto organizzativo dedicato, che rafforza il senso di appartenenza alla propria organizzazione.

In queste condizioni la distanza non ostacola l'identificazione del singolo con l'organizzazione di cui fa parte e allo stesso tempo si realizza una distinzione netta tra sfera professionale e sfera privata, che tendono invece a confondersi e a sovrapporsi lavorando da casa, determinando un aumento dello stress del lavoratore.

Da una parte lavorare in uno Smart Work Hub induce le persone a mantenere dei codici di comportamento e uno stile che hanno largamente sperimentato nella loro carriera e che sono loro congeniali, dall'altro le mette al riparo da alcune dinamiche informali e ritualità connaturate al lavoro di ufficio che spesso rappresentano una fonte di distrazione e costringono ad allungare la propria permanenza sul luogo di lavoro.

Workplace per aumentare il self-control e il senso di responsabilità

Lavorare in uno spazio di lavoro condiviso alimenta il cosiddetto «controllo tra pari», ovvero una forma di «controllo» orizzontale ed informale che riconduce le azioni individuali agli obiettivi dell'organizzazione di cui si fa parte. Questa modalità induce maggiore autocontrollo, autodisciplina e responsabilizzazione, che si rivelano più funzionali per l'azienda del tradizionale controllo gerarchico e verticale.

Inoltre è più facile che germogli una cultura basata sulla condivisione di valori, norme e principi. In queste condizioni nella funzione manageriale saranno colti soprattutto gli aspetti di coinvolgimento nelle decisioni, spinta motivazionale, supporto.

L'importanza di una riprogettazione strategica degli spazi

In conclusione, se si considerano i dati dell'Osservatorio del Politecnico di Milano sulle modalità di implementazione dello smart working, la ri-progettazione strategica degli spazi, sebbene sia una leva progettuale fondamentale, ad oggi è presente solo nella metà dei progetti strutturati di smart working, mentre nella restante metà dei casi lo smart working è concepito dal punto di vista degli spazi solo come flessibilità nel lavoro da remoto.

In prospettiva, la workplace strategy rappresenta, comunque, un pilastro imprescindibile di un programma di smart working.

Il paradigma dello smart working poggia sulle 3B: *bricks, bytes, behaviours*. L'aspetto relativo ai *bricks*, agli spazi di lavoro, che secondo questi dati tende a essere trascurato nelle prime esperienze di smart working in Italia, merita una cura attenta con una riprogettazione secondo i principi dell'Activity-Based-Working[25], e una suddivisione mirata tra spazi formali e informali che accrescono la probabilità di scambio e interazione. Le innovazioni relative alla riprogettazione degli spazi di lavoro tradizionali non solo hanno effetti sulle effettive modalità di utilizzo delle nuove tecnologie per lo smart working, ma anche su quelli relative alla sfera comportamentale, con effetti significativi sulla performance.

1.4 *Ripensare l'impresa*

Siamo circondati da organizzazioni che non amiamo e che sostengono costi crescenti per attrarci, coinvolgerci e renderci produttivi. Anche le nuove imprese e organizzazioni cadono facilmente, una volta consolidate, negli stessi vizi.

25. L. Engelen, J. Chau, S. Young, M. Mackey, D. Jeyapalan & A. Bauman (2019) *Is activity-based working impacting health, work performance and perceptions? A systematic review*, Building Research & Information, 47:4, 468-479, DOI: 10.1080/09613218.2018.1440958.

La prospettiva è quella di costruire organizzazioni che ruotano attorno alla libertà delle persone e che ottengono il beneficio di quella motivazione intrinseca che nasce dal fare quello che comprendiamo e in cui crediamo. Nel prossimo decennio sarà necessario un nuovo redesign degli spazi ma soprattutto affrontare la sfida di senso dell'unica risorsa che non possiamo ripristinare: il nostro tempo.

Per certi aspetti, specie in settori come il manifatturiero o molte realtà a finalità sociali, la riproduzione dei comportamenti è una finalità stessa dell'organizzazione, comprimendo però l'innovazione e il cambiamento e promuovendo l'inerzia.

Come ci ricorda con forza Luca Solari[26], le organizzazioni tendono a esercitare la loro influenza sui comportamenti individuali, rendendoli prevedibili e più standardizzati. Fino ad oggi ciò è stato una spinta per la società moderna e le sue necessità di standardizzazione fordista. La diminuzione di eterogeneità che ne scaturisce oggi è ancor più un limite in sistemi sempre più «sartoriali» in cui le organizzazioni centrate sulla libertà dell'individuo saranno le più efficaci.

Recentemente ci ha lasciato il grande filosofo Giulio Giorello, che in tutti gli ambiti della vita vedeva il pericolo dell'appannamento, fino alla scomparsa, del senso critico. Ad essere minacciata è proprio la coscienza critica, la capacità di dispiegare le sfumature del pensiero, il ventaglio delle opinioni possibili e dei diversi approcci alla comprensione della realtà. Il problema è che l'innovazione fa paura e «la paura è un pessimo materiale di costruzione»; proprio per questo per un mondo migliore dobbiamo difendere con ancora più determinazione la libertà del pensiero scomodo.

Un tempo gli innovatori venivano messi al rogo, oggi sono derisi, isolati e poi marginalizzati. Per questo bisogna fare un passo più avanti dentro la sfida di senso a cui siamo tutti chiamati.

Dovrebbe esserci una corrispondenza biunivoca tra modelli organizzativi e layout dei luoghi di lavoro. Insistere con uffici

26. L. Solari, *Freedom Management. Organizzazioni centrate sulla libertà dell'individuo*, Franco Angeli, 2020.

e fabbriche disegnati sulle esigenze degli anni Settanta nuoce gravemente alla produttività.

Modelli organizzativi fordisti, gerarchici e verticali hanno trovato in passato una realizzazione coerente nelle fabbriche e nei servizi: la prossimità dell'operaio alla macchina, la ripartizione dei piani nei grandi uffici che enfatizzava le differenze di status, la qualità della mobilia e degli arredi, la metratura: caratteristiche conseguenti alla vecchia idea statica per cui è sempre necessario non lasciare sola una macchina per otto ore o sedersi ogni giorno dietro la stessa scrivania. Ma al giorno d'oggi sono retaggi di una cultura organizzativa di retroguardia e sono vincoli a un lavoro libero e creativo.

Inoltre, svolgere la propria attività tutti i giorni nello stesso luogo non significa necessariamente lavorare meglio in squadra, avere maggiori opportunità di relazione e di interscambio. Da questo punto di vista sono più utili gli spazi comuni, i luoghi dove «staccare la spina» e ricaricarsi, approfondire, crescere non solo professionalmente ma come persone.

Esemplare in questo senso è l'esperienza di Statuto11 a Milano, nel centro del Brera Design District.

Statuto11, ideato dalla società di consulenza, facility e real estate management eFM, è un cosiddetto *engaging place* (ma preferisco chiamarlo un SWH, uno smart work hub) ed è uno spazio a diverse dimensioni che si incontrano e si con-fondono, dando vita a una sintesi innovativa: il pubblico e il privato; il verde e il costruito; l'azienda e il centro culturale; la vita privata e quella lavorativa.

Statuto11, come una città, interseca e contamina le varie dimensioni della vita. È un ambiente progettato per venire incontro alle diverse esigenze delle persone e della comunità in modo equilibrato e armonico. Nessuno ha una postazione assegnata, ma tutti – dal Ceo allo stagista – hanno lo stesso «diritto» di accesso alle diverse aree. A seconda dell'attività che deve svolgere, ognuno è libero di scegliere lo spazio più adatto. È un ambiente libero, coinvolgente, vitale, emblema del passaggio dall'era del possesso all'era dell'accesso. Attraverso l'Internet delle cose, sensori integrati, sistemi software e memoria dati gestiscono in tempo reale temperatura, luce, rumore, umidità, in modo da massimizzare il comfort dell'ambiente, e raccolgono i feedback degli abitanti. L'algoritmo di un digital assistant elabora questo flusso di dati e individua le soluzioni ottimali per le persone nella scelta degli spazi e delle modalità migliori per svolgere il proprio lavoro. La tecnologia è «trasparente»: la dimensione digitale è al servizio di un'esperienza analogica volta al miglioramento della qualità dell'abitare. Lo spazio di Statuto11 è in grado di rispondere in modo adattivo alle esigenze di chi lo vive: ne sono un esempio i due *hive* – gli alveari – dove si crea, si condivide e si produce, ma che in pochi minuti possono essere riconfigurati per trasformarsi in una piazza di condivisione o nel teatro dell'incontro.

Realizzare questi spazi permette così di armonizzare le esigenze di chi si occupa del patrimonio immobiliare con le strategie di chi si dedica alla valorizzazione del patrimonio umano di un'azienda.

Una felice conciliazione tra ottimizzazione dei costi, benessere e produttività.

1.5 *Ripensare il tempo: lavorare meno, vivere meglio e insieme*

Le politiche di riduzione generalizzata degli orari di lavoro non hanno avuto un grande successo.

L'innovazione rende più flessibile l'allocazione spazio-temporale del lavoro e permette una migliore conciliazione dei tempi per le persone, ma occorre anche individuare schemi di riduzione degli orari che possano essere utili per determinate esigenze e in particolari circostanze.

Va da sé che i part-time obbligatori di quattro ore al giorno con paghe da fame sono una piaga da combattere.

Nelle imprese intelligenti si individuano soluzioni equilibrate in cui una riduzione dei tempi di presenza in azienda non sia penalizzante per il lavoratore. Ad esempio, nel contratto dei metalmeccanici tedeschi è prevista la possibilità di una riduzione a 28 ore settimanali per un periodo limitato, con una lieve decurtazione salariale, per esigenze di cura di anziani e bambini o per motivi di studio.

Questi aspetti non devono essere trascurati dai sindacati e non devono essere sottovalutati dalle stesse aziende, perché lo stress generato da impegni e problemi familiari o personali fa lavorare male e può anche indurre una persona a uscire dal mercato del lavoro. Cosa che – anche a livello macroeconomico – non possiamo permetterci. L'Italia ha tassi di occupazione – in particolare femminili – tra i più bassi d'Europa. Secondo gli ultimi dati Istat, nel primo trimestre 2020 il tasso di inattività è stato pari al 35,3 per cento, ossia ci sono 13 milioni 519.000 persone di età compresa tra i 15 e i 64 anni che non hanno un lavoro e non lo cercano.

Inoltre, l'elevamento dell'età pensionabile deve indurci a perfezionare strumenti come le banche del tempo o le staffette generazionali. Va posta più attenzione agli ultimi anni di lavoro, durante i quali per le persone possono sorgere nuove esigenze e può essere opportuno passare a un part-time non troppo oneroso (a parità di assegno previdenziale). Chi lavora su turno o svolge mansioni gravose e usuranti arriva spesso troppo logorato alla pensione. Il part-time negli ultimi anni di vita lavorativa può essere un ottimo modo per valorizzare l'esperienza della terza età. Progettare il percorso di uscita dal lavoro è essenziale per evitare i fenomeni di marginalizzazione dei lavoratori più anziani e di uscite brusche, con repentini passaggi da una fase lavorativa troppo stressante per queste persone a una passività completa e deprimente.

Il percorso lavorativo va quindi progettato e gli orari di lavoro non devono essere rigidi e predefiniti ma coerenti con le diverse potenzialità ed esigenze delle varie fasi della vita. Si aprono così spazi da restituire alla nostra dimensione privata, alla famiglia, agli amici, alla comunità con l'impegno sociale, e soprattutto alla formazione e allo studio. Tutti sottolineano l'importanza della conoscenza e della competenza nel lavoro e intanto gli studenti-lavoratori sono diminuiti.

L'ennesimo paradosso di un'organizzazione degli orari del lavoro disfunzionale.

1.6 *A cosa serve il capo del personale guardiano? Al suo analista*

> «La natura umana non è una macchina da costruire secondo un modello e da regolare perché compia esattamente il lavoro assegnato ma un albero, che ha bisogno di crescere e di svilupparsi in ogni direzione, secondo le tendenze interiori che ci rendono una persona vivente».
>
> John Stuart Mill, *Saggio sulla libertà*, 1859

Se come dicono anche i manager, il lavoratore è la risorsa principale dell'impresa, teniamo conto della natura umana di cui parla Mill.

Mettere la persona al centro significa adottare modelli gerarchici completamente diversi rispetto alla fabbrica degli anni Settanta. Pensiamo al cambiamento di cultura e di ruolo tra un capetto vecchio stile Fiat e un team-leader delle nuove fabbriche Fca. Nel primo caso era valorizzata la subordinazione, il rapporto gerarchico e una certa «temibilità» del superiore. Nel secondo la capacità di lavorare in gruppo, di sentire il leader uno della squadra (anche operativamente). Perché molti capi del personale (HR) non riescono a interpretare il nuovo lavoro? Spesso a causa dei loro committenti ma non solo; sostanzialmente per due motivi fondamentali: il primo riguarda la caduta di ruolo all'interno della gerarchia aziendale. Il capo del personale è sempre più una figura tendenzialmente tecnico-contabile di verifica di numeri, presenze, prestazioni etc. È singolare l'inversa correlazione che le aziende hanno prodotto tra la loro convegnistica sulla centralità della persona (il capitale umano) e il ruolo sempre più debole che hanno i responsabili delle risorse umane.

Il secondo riguarda la cultura di queste figure e dei loro amministratori delegati: è ancora importante avere le persone sotto controllo, addirittura a vista, come in alcuni acquari sopraelevati rispetto ai reparti per far «sentire» di più il controllo?

Bene, quelle «attenzioni» non solo non servono a nulla, perché non sono garanzia di produttività, ma creano un brutto clima di lavoro e consentono dietro la macchina o il monitor di ritagliarsi tutti i propri spazi. Chi organizza il lavoro deve sapere che il benessere delle persone è un ingrediente della produttività. E che le due cose si coniugano benissimo.

Se ognuno, più che il benessere delle persone e la produttività, cura il proprio rifornimento gerarchico, fallirà miseramente i propri obiettivi e sarà costretto a fare quegli orribili questionari (assestment) sul clima aziendale. In effetti è interessante il punto di vista di Mariano Corso quando afferma «E se il mestiere più obsoleto fosse proprio quello dei manager? Se un manager per mantenere e gestire il potere continua a intermediare le informazioni, accentrare le decisioni, nascondersi dietro standard omologati...allora non aggiunge valore, ben venga un buon algoritmo di valutazione e coordinamento! Quello di cui le organizzazioni hanno bisogno, ciò che anche le persone desiderano, sono dei leader veri, capi autenticamente umani, capaci di dare significato, fare empowerment, promuovere talenti e orchestrare le diversità!».

Il problema è che chi contrasta il cambiamento lo fa perché ha bisogno di quel «rifornimento» per colmare problemi di ruolo, di autostima, di reputazione dentro una gerarchia che si autoalimenta di cose non solo inutili ma dannose. A ricordare quanto siano fondamentali non solo le *tecnicality* nel fare il capo del personale può aiutarci l'aneddoto che segue.

L'incompiuta di Schubert e il capo del personale[27]

Mino Martinazzoli: «Questa idea distorta dell'efficienza, del primato del fare sul dire, sottintende un concetto molto pericoloso e cioè che la discussione ci impedisce di essere veloci, di essere moderni. A questo proposito racconto spesso un apologo. È la storia di un amministratore delegato che riceve l'invito per assistere a un concerto nel quale si eseguirà la Sinfonia n. 8 di Schubert, la celebre *Incompiuta*. Non potendo andare al concerto, perché impegnato in una seduta del consiglio di amministrazione, regala l'invito al capo del personale.

Il giorno dopo l'amministratore delegato chiede al giovane se gli fosse piaciuto il concerto. Il capo del personale, manager moderno, risponde che entro mezzogiorno avrebbe avuto la relazione sulla scrivania. La relazione, sul tavolo entro mez-

27. M. Martinazzoli, A. Valle, *Uno strano democristiano*, Rizzoli, Milano 2009.

zogiorno in punto, è divisa in cinque punti. L'amministratore delegato legge con sorpresa:

1. Durante considerevoli periodi di tempo i quattro oboe non fanno nulla. Si dovrebbe ridurne il numero e distribuirne il lavoro tra il resto dell'orchestra, eliminando i picchi d'impiego.
2. I dodici violini suonano la medesima nota. Quindi l'organico dei violinisti dovrebbe essere drasticamente ridotto.
3. Non serve a nulla che gli ottoni ripetano suoni che sono già stati eseguiti dagli archi.
4. Se tali passaggi ridondanti fossero eliminati, il concerto potrebbe essere ridotto di un quarto.
5. Se Schubert avesse tenuto conto di queste mie osservazioni, avrebbe terminato la sinfonia».

Martinazzoli concluse: «Io vorrei vivere in un mondo nel quale si possa continuare a sentire l'*Incompiuta* di Schubert così com'è».

Ecco, qui un altro esempio di come a volte l'AI è più vicina all'umano di tanti uomini.

L'opera è stata completata grazie all'utilizzo di un modello di Intelligenza Artificiale che beneficia direttamente della potenza di elaborazione della doppia unità Npu di Huawei presenti in uno smartphone. Analizzando il timbro, il tono e il metro del primo e del secondo movimento esistenti, l'AI è stata in grado di generare la melodia per i mancanti terzo e quarto movimento e creare, complice il compositore Lucas Cantor, una partitura orchestrale fedele allo stile e allo spirito dell'originale *Sinfonia n. 8*. Un'operazione che incuriosisce e si presta a una miriade di interpretazioni, a un tempo entusiasmanti e inquietanti. Secondo gli esperti giudicandone il risultato: «Lo sviluppo sinfonico è perfettamente coerente, anche se la tensione drammatica dell'opera nel terzo e quarto movimento sembra distrarsi in favore di atmosfere più in sintonia con la musica dei decenni successivi che con la cifra del compositore – per non parlare del finale chiaramente beethovenizzato; che qualcuno abbia sussurrato all'Intelligenza Artificiale che Schubert è stato il più audace pre-romantico tra i suoi contemporanei?» Anche Giovanni Allevi, commentò: «Un gran bel lavoro, uno sviluppo compositivo importante e un finale roboante. Nel terzo movimento ho trovato frammenti melodici del primo e ritmi lontani dallo stile dell'epoca, più vicini a Debussy che a Schubert. Vuol dire che il computer ha dato prova di una creatività sconfinata che travalica l'epoca in cui il compositore è vissuto. Cosa ne sarà di questa tecnologia tra un secolo e mezzo? Chi può dirlo? Ma non mi spaventa!».

1.7 *Ma così i furbetti si imboscano?*

Da molte parti viene utilizzata come argomento contrario alla diffusione dello smart working la tesi secondo cui decentrare il lavoro di coloro di cui è molto basso o incerto il contributo lavorativo quotidiano significherebbe disincentivare ulteriormente il loro impegno.

Innanzitutto uno scalda-sedia è meno costoso a casa che in ufficio. Sia economicamente, sia per il traffico, l'ambiente. Uno scalda-sedia spesso disturba quelli che lavorano sul serio e condiziona l'organizzazione del lavoro facendo perdere molto tempo. Ha bisogno di parlare al telefono anche del nulla perché deve passare il tempo... Spesso tempesta tutti di mail e messaggi inutili per mascherare un lavoro che non fa.

Qualcuno dice che la soluzione è motivare le persone, «ingaggiarle». Sì è vero, ma non basta. Gli ingredienti dello smart working, se cambiano la filosofia del lavoro e della sua contrattualistica, ci aiutano: libertà, autonomia, responsabilità, fiducia. Se il lavoro è un progetto da portare avanti secondo questi filoni, il contributo di ciascuno sarà più evidente.

Sarà, anzi, molto più visibile. All'interno delle aziende che adotteranno pratiche di smart working, entreranno in gioco meccanismi di controllo sociale nei confronti di coloro che sono stati precedentemente definiti «fannulloni». Le persone infatti saranno molto più attente a non permettere che questi comportamenti vengano portati avanti, per paura che a farne le spese siano tutti coloro che beneficiano delle iniziative di smart working.

Oggi le aziende, in molti casi anche per ruoli apicali, si accontentano della presenza.

Qualcuno in malafede può leggerci un modo per chiedere di più ai lavoratori. In realtà lo smart working è la strada per trasformare il lavoro in un'occasione che realizza le persone, che le fa fiorire, come dice Papa Francesco. Se non ci si sente parte di un progetto in cui si è dentro con il proprio contributo, si continuerà a sciupare tanta energia e tanta vita.

2.

Ingredienti e ricette

«Di una persona i cui desideri e impulsi siano i suoi si dice che possiede un carattere. Una persona i cui desideri e impulsi non siano i suoi non ha più carattere di quanto non ne abbia una macchina a vapore. Vogliamo comunità di persone o assemblaggi di macchine a vapore? ».

John Stuart Mill, *Saggio sulla Libertà*, 1859

2.1 *Ingredienti: Visione, Fiducia, Libertà, Responsabilità, Autonomia*

Il concetto di autonomia è un concetto legato alla socialità perché essere autonomi si fonda sull'autodeterminazione delle scelte e non sull'autosufficienza. «Un essere autonomo, infatti – scrive John Stuart Mill[1] – finisce, quasi in modo istintivo, per prendere coscienza di sé stesso in quanto di un essere che si preoccupa naturalmente degli altri».

Le persone rispondono all'ambiente in cui si trovano, alle sue sollecitazioni, agli stimoli, ma anche alle miserie. Un'organizzazione complessa funziona se ogni lavoratore mette in campo tutta la propria intelligenza emotiva e cognitiva.

E l'intelligenza sul lavoro si può sviluppare solo se al lavoratore è lasciata libertà e autonomia.

Sono gli stessi recinti sui luoghi di lavoro a creare le pecore, attraverso dinamiche così sottili che rimangono al di fuori della portata della consapevolezza degli interessati.

1. J.S. Mill, *Utilitarismo*, 1861, p. 85.

Oggi la produttività dell'azienda è in funzione diretta dell'ingaggio cognitivo e della passione che il lavoratore immette nel processo produttivo. Se questi fattori non sono variabili chiave, benessere e produttività resteranno a un livello inferiore agli standard minimi richiesti per essere competitivi in un determinato mercato.

Piuttosto che spendere soldi inutili nei corsi di formazione sull'*empowerment*, al solo scopo di utilizzare in qualche modo i fondi interprofessionali o quelli stanziati ad hoc nei budget aziendali, le imprese dovrebbero esaltare la libertà, il rispetto, l'autonomia e la responsabilità delle loro risorse umane.

Senza un ripensamento preliminare dell'organizzazione, chiamare il guru del momento è inutile e costoso, soprattutto in modelli organizzativi di tipo «burocrazia meccanica», verticali e con rigide gerarchie. In quei contesti i recinti sono più coerenti e anche più funzionali. Ma in un mondo aperto e intercorrelato le imprese più competitive sono quelle che costruiscono la loro cultura organizzativa sulla libertà; quanto alle ricette, non esiste una ricetta valida per tutte le organizzazioni e le aziende perché come abbiamo visto ogni percorso di innovazione va «partecipato» e calzato secondo le peculiarità di ogni singola realtà.

2.2 *Campo da gioco: organizzazione, cultura, strumenti*

Un inquadramento unidimensionale, basato su una correlazione diretta tra tipo di mansione e inquadramento, si rivela ormai anacronistico e inadeguato. Intanto i mansionari di molte categorie sono datati e non vengono aggiornati in funzione delle innovazioni tecniche e organizzative. Quello dei metalmeccanici, per restare nell'ambito che mi ha riguardato da vicino, è fermo agli anni Settanta. Per alcune categorie nella «declaratoria» compare ancora la figura della «dattilografa».

Ma non basta aggiornare i profili professionali, come pensano le associazioni industriali: un'organizzazione complessa avrebbe bisogno di sistemi di inquadramento intelligenti che superino il mansionario.

Il contributo del lavoratore è oggi molto più sfaccettato e multidimensionale, per cui occorrerebbero approcci più complessi: ad esempio, si potrebbero costruire matrici tridimensionali negli accordi nazionali per cogliere e valorizzare i vari aspetti dell'apporto del singolo. Sarà poi la contrattazione aziendale a specificare e calibrare le matrici in funzione delle specificità locali. Le ricadute devono essere dentro fasce o aree professionali, su base individuale ma attraverso criteri oggettivi.

Paradossalmente sono proprio gli aspetti che le aziende non riconoscono, non valorizzano e non remunerano a fare la differenza, a creare valore aggiunto. Occorre un sistema che dia un'adeguata importanza a questi aspetti, sia in un'ottica di efficienza del mercato che di equità redistributiva. In Italia ci sono appelli contro la meritocrazia, nel Paese che ha sempre confuso il valore della conoscenza con l'importanza delle «conoscenze». Questi appelli ricordano le danze contro il freddo all'equatore. Anche perché riportare meritocrazia nel lavoro e in azienda è una delle prime leve per una migliore produttività e fa vincere soprattutto donne e giovani, più di tanti appelli.

2.3 *La persona è il fine (contro la retorica della persona al centro)*

Viviamo un'epoca nella quale, nonostante i passi avanti della tecnologia e della ricerca e lo schiudersi di scenari sempre nuovi, come ammonisce Papa Francesco, «non mancano poteri e forze che finiscono per produrre una cultura dello scarto, dove a rimetterci sono gli esseri umani più fragili. Occorre riscoprire il principio della dignità umana, radice di giustizia e libertà. Dunque una dignità originaria di ogni uomo e donna, insopprimibile, indisponibile a qualsiasi potere o ideologia. In realtà l'efficientismo non è efficiente senza fare rotta sulla dignità e il rispetto della persona».

Non c'è solo l'economia a essere in crisi, ma la politica, le istituzioni e tutto il mondo associativo sono chiamate a ripensare se stesse. L'individualismo ha prodotto un'insicurezza di fondo che pervade tutto, e le persone non riescono più a percepirsi come appartenenti a una «società», come parte di un tutto. Se il sindacato vuole essere qualcosa di più di un mediatore del conflitto sul lavoro e tornare a essere un corpo intermedio vivo all'interno della collettività, deve mettersi in discussione, ritornare alle origini, ammettere con umiltà gli errori e analizzare le nuove dinamiche sociali ed economiche con lo studio rigoroso e senza pregiudizi ideologici.

Un modello di riferimento è l'economia contributiva di cui parla il sociologo Mauro Magatti, in cui tutti i soggetti apportano qualcosa in uno scambio contributivo sostenibile e in un progetto dentro cui riconoscersi. Il sindacato deve incentrare la sua azione sulla promozione della persona, e non più sulla sola protezione. Per noi la persona è il fine, mai il mezzo.

2.4 *Le competenze dei nuovi nomadi del lavoro*

È finito «il posto di lavoro per tutta la vita». Quante volte avete sentito questa frase? Il guaio è che sono spesso proferite da personaggi ben aggrappati alle ultime aree di «posti fissi». Questo fa sì che le analisi, le scelte politiche, la riorganizzazione del welfare non tengono minimanente conto delle nuove traiettorie del lavoro. L'economia moderna è flusso di persone e di merci, è storia di vite mobili. La mobilità nel lavoro sta crescendo velocemente sotto vari punti di vista (geografica, professionale) e necessita di un nuovo sistema di tutele ma ancor prima di analisi meno ossidate. Come abbiamo visto, le migrazioni, la mobilità più in generale, creeranno una «forza lavoro» del tutto inedita.

Franco Amicucci, fondatore di Skilla, coglie bene i rischi di dinamiche lavorative sempre più irregolari, imprevedibili e instabili. «Sono venute meno le sicurezze tipiche, la "terraferma" della società industriale, con posto fisso a vita, continuità e arricchimento progressivo della propria professionalità»[2]. Con l'estinguersi della terraferma, per utilizzare una metafora felice di Edgar Morin, ci muoviamo ora in un «oceano di incertezze» e per questo siamo chiamati a costruire «arcipelaghi di certezze».

2. F. Amicucci, *Di gruppo in gruppo. Le competenze dei nuovi nomadi*, Btdc. albaproject. it, 22 febbraio 2017 (btdc.albaproject.it/index.php?option=com_content&view=article&id=423:di-gruppo-in-gruppo-le- competenzedei-nuovi-nomadi&catid=105&Itemid=829).

Una nuova condizione in cui il lavoratore dispone di tante isole e approdi protetti, ma al tempo stesso deve acquisire la capacità di navigare in mare aperto, di sfruttare il vento, di affrontare tempeste improvvise, secche e scogli.

In questa prospettiva due sono i nodi da sciogliere per chi affronta il problema della tutela di questi «moderni navigatori». Primo: quali «isole di certezza» devono offrire le aziende, in particolare i responsabili delle risorse umane, ai lavoratori in questo contesto più «liquido»? Secondo: quali sono le skill, le attitudini e le abilità richieste ai nuovi lavoratori della conoscenza e che le aziende devono valorizzare nei loro investimenti formativi.

Gli staff delle risorse umane si muovono ormai lungo questo «filo del rasoio». Da una parte la competizione li spinge all'adozione di modelli innovativi che si basano su nuovi paradigmi organizzativi, incentrati su un largo utilizzo delle tecnologie digitali e su una struttura flessibile, piatta, deburocratizzata. Al tempo stesso, tuttavia, devono gestire ambiti e attività tradizionali, che permangono anche nelle strutture più innovative: organigrammi rigidi, spinte conservatrici, culture burocratiche, trattative sindacali, relazioni quotidiane con la burocrazia pubblica. La funzione HR deve trovare ogni giorno un equilibrio tra questi aspetti. Per raggiungerlo occorre sviluppare competenze nuove, sempre più importanti.

Per quanto riguarda le skill, le attitudini e le abilità richieste dai nuovi contesti organizzativi, i modelli tradizionali non sembrano più adeguati alla domanda di innovazione. Ne risulta un disallineamento tra l'offerta di formazione, spesso ancorata a modelli e contenuti tradizionali, e domanda di competenze emergenti.

Qual è il fattore decisivo per superare questa dicotomia?

Rand Spiro[3] individua nella flessibilità cognitiva (Cognitive flexibility theory, Cft), ovvero la «capacità di ristrutturare la propria conoscenza spontaneamente e in molti modi, per esse-

3. R.J. Spiro, R.L. Coulson, P.J. Feltovich, D.K. Anderson, *Cognitive flexibility theory: advanced knowledge acquisition in ill-structured domains*, in *Proceedings of the 10th Annual Conference of the Cognitive Science Society*, Lawrence Erlbaum, Hillsdale, NJ 1988.

re in grado di far fronte, di volta in volta, in maniera adattiva, alle richieste di cambiamento, anche radicale, che emergono dall'ambiente», la competenza chiave.

La flessibilità cognitiva, cioè il rapido passaggio da un gruppo a un altro e da un progetto al successivo, è la competenza emergente in un contesto caratterizzato dal «nomadismo» del lavoro, in contesti sempre più debolmente strutturati e in cui il problem solving è sempre più complesso.

Spiro propone nuovi modelli di apprendimento finalizzati a sviluppare la flessibilità cognitiva. L'acquisizione di conoscenze avanzate (advanced knowledge acquisition) dipende dal possesso di due fondamentali capacità:

- padroneggiare la complessità: saper riconoscere e gestire con lucidità la complessità di ambiti di conoscenza poco strutturati ma i cui elementi sono molto interconnessi tra loro;
- capacità di transfer: essere in grado di utilizzare e mettere in relazione le conoscenze acquisite e le informazioni eterogenee per individuare soluzioni a problemi nuovi e imprevisti.

Il nomadismo richiede quindi attitudini particolari, che sono in parte correlate alla flessibilità cognitiva e in parte essenziali nelle nuove modalità lavorative.

La «fiducia a presa rapida»: i nuovi gruppi di lavoro hanno dinamiche relazionali e ritualità diverse rispetto alle interazioni tradizionali. La ricerca del legame di fiducia tra i soggetti è molto più rapida, sia nella collaborazione in presenza sia nei team che si relazionano virtualmente.

Gli incarichi sono molteplici: si lavora contemporaneamente su più progetti e con gruppi differenti. È fondamentale un'«attenzione focalizzata», cercando di evitare le distrazioni e la confusione derivanti dalla sovrapposizione delle attività, ma con «antenne» in grado di cogliere gli alert che emergono sugli altri fronti e ridefinendo la scala delle priorità.

È fondamentale la capacità di filtrare, classificare e decodificare le informazioni in entrata. Per poter individuare le priorità e cogliere le connessioni può essere utile rappresentare la conoscenza personale e del gruppo in una mappa cognitiva.

Per poter interagire professionalmente in modo efficace con persone, culture e modelli organizzativi è fondamentale sviluppare una capacità di adattamento a contesti in continua evoluzione. I fattori chiave di successo sono quindi la «intelligenza sociale» e la propensione all'interculturalità. Mentre i team tradizionali erano composti da persone con competenze differenti, ciascuna specializzata in un ambito particolare, oggi ogni lavoratore di un gruppo deve aver acquisito un certo grado di transdisciplinarietà in un'ottica di *empowerment* che oltrepassa i confini della propria specializzazione professionale...

Per «navigare» nella complessità organizzativa le competenze digitali sono essenziali. Non basta però sviluppare una familiarità con software e piattaforme, ma occorre una flessibilità digitale nell'utilizzare i nuovi media che permetta di interagire nel modo più efficace senza essere travolti dall'enorme flusso informativo del web.

2.5 *Elaborare la ricetta*

Come iniziare un percorso per dare agilità al lavoro e all'impresa

A volte si utilizza un «pilota», una o più persone che aiutano e accompagnano l'analisi iniziale e che facilitano e sostengono la trasformazione. Cercherò di costruire dei passi da seguire in cui tutti convergano in un luogo dove analizzare l'impresa e progettare la sua evoluzione.

Le fasi di un progetto di smart working prevedono nel linguaggio dei consulenti:

1. **Visioning**[4]: analisi esterna dei modelli più diffusi di smart working per identificare idee di applicazione e fattori critici di successo.

4. Framework sviluppato da Partners4Innovation.

2. **Readiness Assessment**[5]: rivelazione delle caratteristiche e delle esigenze aziendali per identificare i target potenziali per la sperimentazione.

3. **Model Design**: definizione del modello di smart working dal punto di vista organizzativo, tecnologico e di sperimentazione del pilota.

4. **Change Management**: definizione delle modalità di comunicazione dell'iniziativa e delle attività di change management sui people manager.

5. **Monitoring&Coaching**: supporto ai progetti pilota in termini di monitoraggio e valutazione degli interventi correttivi[6].

Rileggiamole nella nostra lingua. Mettiamo da parte l'inglese «aziendalese».

Fase 1: analisi esterna

Il cambiamento lo si subisce, come durante il Covid, ma è molto meglio sceglierlo, anticiparlo. Per questo occorre avere i piedi per terra ma lo sguardo alto, il convincimento e la forza per sostenerlo. Costruire e introdurre un progetto di smart working non vuol dire solo offrire ai lavoratori la possibilità di lavorare dove vogliono, negli orari che preferiscono.

Vuol dire avviare un profondo ripensamento dell'impresa. Mettersi in gioco al fine di costruire un'evoluzione di processi e modelli organizzativi. Vuol dire prevedere un profondo cambiamento della cultura organizzativa e quello che oggi si chiama modello di business.

5. Considerare l'evoluzione delle modalità di valutazione non più in termini scolastici «positivo o negativo», ma nell'indicazione dei tuoi punti di forza e delle aree di miglioramento su cui lavorare per crescere continuamente.

6. https://cached.forges.forumpa.it/assets/Speeches/24163/ad22_madini_emanuele.pdf

Partire dallo studio di casi interessanti, magari quelli di successo e perché no delle motivazioni che hanno portato altri all'insuccesso e capire quali sono le linee migliori e più efficaci da seguire per le proprie necessità.

Non trascurare le analisi dello spazio, anzi a volte è proprio utile partire da esso. Come sono utilizzati oggi gli uffici, le postazioni di lavoro e come sono strutturati in realtà? Come devono essere gestiti gli spazi di lavoro? Non solo, come il management li utilizza, come ciascun lavoratore e lavoratrice utilizza gli spazi aziendali. Partirei dal quanto e come vengono utilizzati.

Fase 2: il passo della valutazione

Il secondo passo è di riflessione e valutazione. Serve un'analisi sulle finalità di impresa, su come sono cambiate, a che approdo sono arrivate e dove voglio arrivare dentro le nuove sfide. Procedendo nel percorso che porta alla corretta implementazione di un progetto di smart working, gli imprenditori devono analizzare la propensione di tutte le business unit aziendali in relazione alle logiche che stanno alla base di questo nuovo modello organizzativo. In altre parole, ci si deve interrogare sulla prontezza da parte di tutte le aree aziendali ad accogliere tale evoluzione. Nello specifico, i temi da valutare sono:

- qual è il livello di digitalizzazione delle attività lavorative, che tipo di standardizzazione c'è e quali sono le modalità di collaborazione;
- quanto sono autonome le risorse, nonché quali sono le singole esigenze;
- che tipo di leadership ha il management.

Fase 3: scelta e poi definizione del modello

Arrivati a questo punto, gli imprenditori e il management devono determinare nel dettaglio un modello organizzativo e tecnologico teso ad accogliere un processo di smart working. In questa fase, inoltre, è necessario definire le modalità del progetto pilota di sperimentazione.

Fase 4: cambiare la testa ai manager (change management)

Il passo successivo riguarda la necessità di **comunicare alle persone la sostanza del piano di lavoro agile.** Nel farlo bisognerà coinvolgere e attivare l'evoluzione culturale intrinseca nel concetto stesso di lavoro intelligente, con tutte le fasi di evoluzione della cultura organizzativa necessarie per trasformarlo in un progetto di successo.

Fase 5: monitoraggio e formazione

Una volta inserito in azienda il progetto pilota, è bene che questo venga seguito e monitorato attraverso la definizione di una serie di indicatori di performance (KPI). Questi sono indicatori chiave di prestazione che una società utilizza per determinare in quale misura gli obiettivi prefissati operativi e strategici vengano raggiunti.

Questa fase è importante anche perché è possibile rilevare punti critici ed eventuali problemi che possono essere risolti attraverso specifiche attività correttive, in modo che non avvengano nel processo di implementazione vero e proprio[7].

Gli obiettivi dello smart working. Fonte: Variazioni S.r.l.

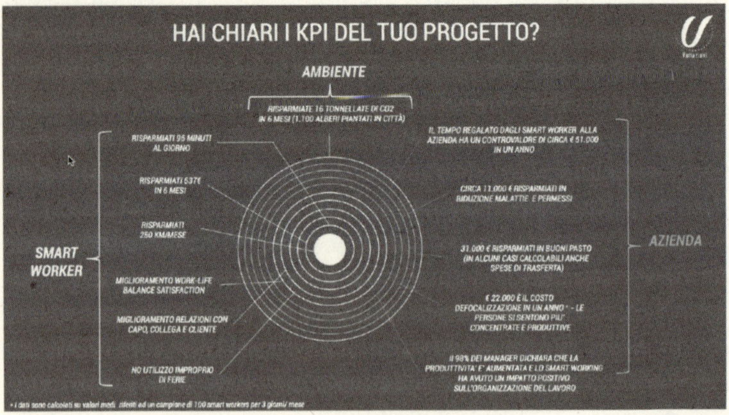

7. https://mestiereimpresa.bnl.it/roller/MI/entry/smart_working_5_passi

Prima di tutto, serve visione, ma poi anche sincerità e coraggio

Dicevamo che, per costruire il futuro, e anche il futuro del lavoro, serviranno progettisti. Come per ogni progetto di cambiamento di spazi, tempi, abitudini, strumenti e norme. I consulenti bravi parlano della necessità di seguire i vari step del project management integrati con le tecniche del change management, io credo che un po' tutti dobbiamo riscoprire o sviluppare le nostre capacità progettuali anche per integrare meglio le nostre aspirazioni, gli obiettivi ma soprattutto i valori, con i progettisti veri.

2.6 *Lievito*

Tra gli ingredienti bisogna curare la possibilità di amalgama ma soprattutto il lievito.

Vedere il personale sanitario, le forze dell'ordine, la protezione civile ogni volta mi mette in crisi, mi fa riflettere in modo più autentico sulla concretezza dei risultati della mia azione quotidiana. E di quanta energia viene rubata da discussioni su ruoli, suscettibilità, carriere, sulla necessità di non disturbare. Questo paese sarebbe oggi più forte se ciascuno avesse sfruttato questi mesi per ritagliarsi quella sana libertà interiore per ripensarsi. È un lavoro che andrebbe fatto come comunità, da soli e insieme. A volte abbiamo bisogno di capire ciò che non ci rende felici, ciò che dobbiamo imparare a far meglio e soprattutto ciò che non dobbiamo più accettare. Ecco, per lo smart working è ancora più importante il lavoro, ben fatto, con gli altri. Il lievito di questo rinascita a #umanitàumentata è la passione. Bisogna ricostruire non solo contenuti del lavoro che appassionino ma modalità di ingaggio e realizzazione che non soffochino questa necessità.

2.7 *I 7 passi per realizzare il vero smart working*[8]

Primo passo, fare il punto

In questo caso si possono fare dei questionari, delle interviste, innanzitutto per fare delle valutazioni (*assessment*) mettendo insieme le persone che decidono le strategie d'impresa. Si parte facendo il punto e qui è bene che ognuno metta in comune obiettivi, criticità, perplessità.

Questo è il momento in cui valutare la mission dell'azienda, dell'organizzazione da rendere agile e di come è necessario cambiarla profondamente per essere coerenti con la propria missione e adeguarla al presente e al futuro.

Gli obiettivi fondamentali riguardano l'aggiornamento delle proprie «forme» e dei modelli di funzionamento. Ci sono evidenti riduzioni di costi di spazio immobiliare, utenze, archiviazione, etc. Questi sono passaggi notevoli ma i vantaggi sono molto più grandi.

Gli obiettivi dello smart working. Fonte: Variazioni S.r.l.

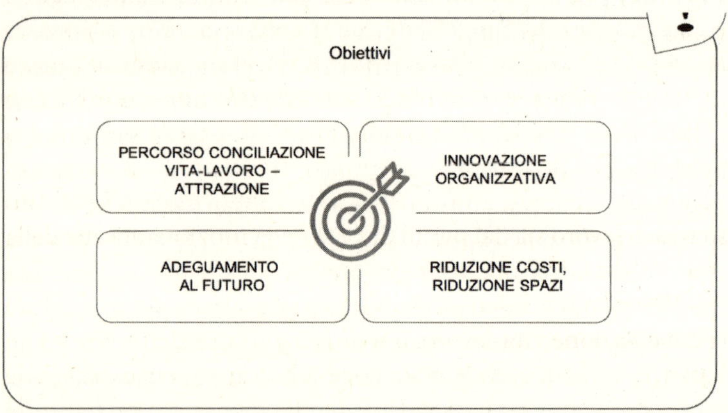

«Anche se volessimo agguantare una mera riduzione dei costi, quello che in azienda viene chiamato «saving», se non

8. Il paragrafo attinge da A.Visentini, S.Cazzaroli, *Smart working: mai più senza*, Franco Angeli, Milano 2019.

diamo una reciprocità di obiettivi ai lavoratori nel trovare una simmetrica loro convenienza nel lavoro da remote, perderemo spinta sul progetto».

Riduzione dei costi di trasporto, più tempo per la vita, una migliore conciliazione del lavoro con la vita e non viceversa.

Se l'azienda è reduce da un processo di riorganizzazione nel quale contratti di solidarietà e cassa integrazione hanno accompagnato l'esperienza recente dei collaboratori, è possibile, se non adeguatamente spiegato, che il lavoro agile assuma contorni riconducibili ad una volontà di riduzione dei costi del lavoro, quando non, in ultima istanza, di riduzione del personale. Ciascuno interpreta infatti i messaggi e i fenomeni attraverso il proprio bagaglio di esperienze e di credenze.

Se invece abbiamo intenzione di ridurre le scrivanie dei nostri uffici per numero e anche per misura, se vogliamo ottimizzare gli spazi optando per open space e desk sharing, la modalità con cui accompagneremo il cambiamento ne determinerà l'esito. Possiamo semplicemente comunicare alla popolazione aziendale che è in programma un ridimensionamento delle postazioni e che quindi ciascun collaboratore avrà l'onere di prenotare la propria scrivania, assumendoci il rischio che anche questo messaggio venga letto in modo fuorviante o non coerente con le intenzioni aziendali. O possiamo coinvolgere le persone nel processo di ridefinizione degli spazi, stimolare i collaboratori nell'individuazione di soluzioni che migliorino anche il loro spazio di lavoro sia dal punto di vista della funzionalità che della piacevolezza dell'esperienza lavorativa.

Nel caso invece in cui l'obiettivo prevalente sia migliorare la conciliazione vita-lavoro, il *well-being* o cosiddetto Work Life Balance, va fatta grande attenzione alle conseguenze di un tale posizionamento di significato in azienda, soprattutto sul ruolo del management e dei capi diretti. Aprire ad esempio la sperimentazione della nuova modalità di lavoro in via prioritaria a chi ha conclamate esigenze di cura o a chi abita ad una certa distanza dalla sede di lavoro, se da un lato può costituire una effettiva risposta in termini di welfare e di facilitazione nell'organizzazione dei tempi di lavoro e di vita, dall'altro può comportare il rischio che all'interno dell'organizzazione la misura non venga sponsorizzata, incentivata, sollecitata e quindi convintamente diffusa. I manager la vedranno come uno strumento di welfare prima che di efficientamento organizzativo. Lo intenderanno come una risposta alle difficoltà organizzative di taluni soggetti, e in particolare, anche involontariamente, lo associeranno a profili femminili o alle poche figure che potrebbero trarne giovamento in una dimensione del tutto slegata dall'obiettivo della performance.

Questi sono alcuni dei numerosi esempi riferibili all'introduzione della modalità del lavoro agile, allo stesso tempo complessa e affascinante, foriera di opportunità ma anche di rischi. Gli esempi ci dimostrano come le modalità con cui introduciamo il lavoro agile impattino fortemente sul suo esito e su come in azienda verrà inteso e di conseguenza adottato. E ci dimostrano anche come sia cruciale che i livelli decisionali siano allineati sulle ragioni e prospettive dell'intervento. In questa prima fase di definizione degli obiettivi strategici si fa ricorso a più strumenti: uno di questi è «Smart Index»[9], uno strumento digitale che serve per verificare se la percezione del punto di partenza, ovvero delle motivazioni che hanno portato ad avviare il progetto, sia per tutti lo stesso o se vi siano scostamenti considerevoli tra i componenti del board. Non è raro incontrare board o gruppi di top manager con giudizi o percezioni molto diverse riguardo, ad esempio, alla presenza diffusa della fiducia, alla qualità delle relazioni tra persone o tra manager e collaboratori, all'efficacia degli strumenti tecnologici, all'adeguatezza degli spazi aziendali, alle opportunità che ritengono che lo smart working offra loro.

La fase di valutazione (*assessment)* online «quantitativa» del più alto livello decisionale viene tipicamente integrata con interviste all'amministratore delegato o al responsabile HR (a seconda delle dimensioni dell'azienda), al responsabile operation, ai responsabili IT, formazione, real estate, organizzazione e sviluppo, relazioni industriali, legal, allo scopo di acquisire informazioni preziose relative alla storia dell'azienda e approfondire eventuali

9. www.smartindex.it

dinamiche decisionali e organizzative «ai vertici» che possano influire sul processo in fase di avvio e di implementazione.

È quindi palese quanto questa fase sia importante per scattare una fotografia della realtà organizzativa al «tempo zero», per allineare i decisori su uno stesso piano delle conoscenze e della consapevolezza e infine per avviare concretamente il processo di cambiamento culturale che richiede fin da subito all'azienda di prendere coscienza della portata del percorso e delle sue implicazioni a tutti i livelli organizzativi.

Secondo passo, ascoltare i lavoratori e il sindacato

Va da sé che la fotografia che si ottiene dalla fase di autovalutazione (*assessment*) del board non sempre corrisponda all'immagine che ci viene restituita dall'*assessment* sulla popolazione aziendale.

La misurazione della «prontezza» aziendale nell'introdurre il lavoro agile passa anche attraverso un coinvolgimento diretto dei collaboratori, ai quali viene chiesto di esprimersi, attraverso la compilazione di una survey, in merito ad alcune dimensioni «chiave» dello smart working, quali la fiducia e l'autonomia, la condivisione degli obiettivi, l'efficacia della comunicazione, l'efficienza degli strumenti tecnologici, l'adeguatezza degli spazi, il funzionamento del sistema di valutazione della performance, le modalità di svolgimento del processo produttivo, la qualità delle regole in uso e infine la percezione dei vantaggi che le persone individualmente e l'azienda nel suo insieme potrebbero trarre dallo smart working. Il questionario indaga anche la profondità con cui le persone conoscono il lavoro agile e la loro propensione/desiderio di adozione.

La survey rappresenta, anche in questo caso, un potente strumento di omogeneizzazione del lessico relativo all'universo del lavoro agile e al contempo un'opportunità di conoscerne meglio le dimensioni. Va considerato infatti che viene somministrata prima dell'intervento consulenziale e formativo, quando ancora la popolazione aziendale ha una conoscenza non approfondita del tema. Proprio per questo è in grado, da un lato, di evidenziare pregiudizi, timori e stereotipi che albergano nell'idea che ciascuno si è fatto di tale modalità di lavoro e dall'altro di indurre, in chi la compila, una riflessione sul proprio modo di lavorare e sulle scelte che sottendono la propria quotidianità lavorativa, la scansione delle operazioni che si compiono, l'individuazione delle priorità, il livello di intenzionalità con cui ci si rapporta ai tempi di lavoro, agli spazi, alle tecnologie o con cui vengono gestite le relazioni con i/le colleghi/e.

Infine, la segmentazione dei risultati per inquadramento e per area/dipartimento/ufficio consente di comprendere se vi sia una base omogenea di conoscenza dello strumento e di convinzione legata alla sua adozione o se al contrario sussistano divergenze importanti all'interno della filiera decisionale e dell'organizzazione.

Gli esiti raccolti vengono poi confermati o corretti, nelle linee interpretative, da una serie di focus group che devono aiutare il ricercatore/consulente a comprendere meglio alcune dinamiche dei dati che non sempre raccontano fino in fondo la realtà osservata. Il focus group consente al facilitatore di registrare dinamiche relazionali, elementi verbali e non verbali, linguaggi, comportamenti, non evincibili dai risultati del questionario e rappresenta un prezioso strumento con il quale il consulente entra in contatto diretto con la realtà osservata e supportata.

Terzo passo, si parte

Sulla base delle evidenze raccolte nella fase di *assessment*, si procede con una prima bozza della futura policy di smart working.

La policy si compone solitamente di due parti: la prima definisce il «chi» inizierà a sperimentare la nuova modalità di lavoro dal punto di vista dell'inquadramento e della tipologia di mansioni e attività svolte, degli uffici/dipartimenti coinvolti, della numerosità del campione, della dotazione tecnologica richiesta. La seconda parte regola il «come» avverrà la sperimentazione: per quanti giorni alla settimana/mese sarà possibile lavorare da un luogo esterno all'azienda e in che luogo, con che orario, attraverso quali procedure amministrative e con quali strumenti. Come arrivare a definire la policy «giusta» per ciascuna azienda non è un passaggio scontato. Chi lavora a contatto con le organizzazioni imprenditoriali sa quanto sia difficile formulare ricette e quanto invece possa essere più efficace fare riferimento a best practice da calare nella specificità di ciascun caso, attraverso corretti percorsi di analisi, sperimentazione, misurazione, collaudo e messa a sistema. Non è raro che un solo fattore discriminante tra tutti quelli da considerare stravolga un piano progettuale apparentemente perfetto. L'attenzione non va posta tanto sul definire la formula che possa calzare per il maggior numero di aziende possibile, quanto sul *metodo* più adeguato a condurre tutte le aziende verso la propria, personalizzata e adeguata policy.

La policy che viene proposta durante il terzo dei sei passaggi di sviluppo progettuale è il risultato di un incrocio tra obiettivi, mandato del board ed esito della survey descritta in precedenza. La fermezza del mandato e la determinazione con cui esso viene espresso sono estremamente importanti, ma necessitano comunque di fare i conti con il livello di «prontezza» del resto dell'organizzazione. Nel caso in cui permangano blocchi, criticità e ostacoli ad una introduzione repentina della misura, o nel caso in cui il livello di desiderabilità del cambiamento non sia omogeneo tra dipendenti e manager, si rischia che la forzatura determini malumori e resistenze anche generalizzati e il percorso venga in qualche maniera ostacolato. Come H. A. Simon[10] (1947) ben espresse, «the human nature is not inherently hostile to change, for human beings seek out novelty as often as they flee it. Weather their reactions will be positive or negative depends in large part on the nature and extent of their participation in the change process»: va fatta grande attenzione al coinvolgimento delle persone nei percorsi di cambiamento per far sì che vengano percepiti come fatti *da* loro e non *a* loro.

10. H. A. Simon è stato esperto di economia, matematica, scienze sociali e scienze informatiche e dell'organizzazione, Premio Nobel per l'Economia nel 1978.

La policy ha inoltre, nella prima fase del progetto, carattere sperimentale. Deve essere governabile e monitorabile e quindi circoscritta sia temporalmente che per numero di beneficiari. Deve consentire ai responsabili del processo di familiarizzare con il percorso, le sue caratteristiche e le sue peculiarità in modo da portarlo progressivamente alla fase di implementazione. Deve, infine, poter garantire un buon margine di efficacia e successo, dal momento che sul primo gruppo pilota si innesterà inevitabilmente gran parte della narrazione sulla nuova modalità di lavoro. Nelle *wave* o estensioni successive verranno introdotti ulteriori fattori critici che consentiranno agli owner di arricchire la propria esperienza e il proprio bagaglio di strumenti gestionali hard e soft e all'organizzazione di implementare soluzioni (tecnologiche, logistiche, culturali) in grado di supportare la sperimentazione e potenziarne gli elementi di innovazione.

La policy, come anticipato, deve in linea di massima prevedere:

- la **perimetrazione tipologica della popolazione aziendale** coinvolta nel primo pilota: è possibile procedere con un criterio verticale (che coinvolge interamente uno o più uffici per area/dipartimento) oppure orizzontale di individuazione di un certo numero di persone per ogni ufficio/dipartimento in modo che il campione risulti rappresentativo delle varie attività aziendali. La scelta viene fatta tenendo conto a) delle *motivazioni* dei responsabili delle singole aree coinvolte, b) della *dotazione IT* (nel caso in cui l'azienda non sia in grado di affrontare l'investimento per l'adeguamento tecnologico di tutti i potenziali smartworker), c) della *coerenza con le attività da svolgere* e la modalità di lavoro agile (ma qui andrebbe aperto un capitolo relativo ai criteri – purtroppo tendenzialmente restrittivi – con i quali vengono spesso escluse alcune attività e/o ruoli). La perimetrazione deve prevedere anche una numerica dei potenziali aderenti che, nella prima fase della sperimentazione, non è necessariamente costruita con un criterio di proporzionalità sulla base della popolazione aziendale proprio per il principio di governabilità e misurabilità complessiva e per consentire all'azienda di portare a bordo «con convinzione» tutti i collaboratori;

- la **modalità con cui si svolgerà il lavoro agile**: è necessario individuare a) *il numero di giorni a settimana/mese/anno* nei quali le persone potranno lavorare in modalità agile; b) *l'orario di riferimento*, ovvero se da un luogo diverso da quello aziendale si dovrà riprodurre tendenzialmente l'articolazione oraria dell'ufficio oppure sarà possibile lavorare con maggiore elasticità, pur organizzando con i colleghi e il responsabile alcune fasce di reperibilità; c) *il luogo dal quale è possibile lavorare* in smart working: molte aziende non pongono alcun limite logistico, alcune circoscrivono gli spazi consentiti a quelli privati (casa propria o altro luogo privato), altre infine includono i coworking nei possibili luoghi in cui è possibile lavorare;
- le **procedure da seguire per poter accedere a tale modalità di lavoro** (modulistica, format da scaricare dalla intranet e inviare all'Ufficio Risorse Umane o al proprio responsabile) e quelle da attuare per le singole giornate in modalità Smart: con che anticipo vada inviata la richiesta al capo, se sia valido il silenzio-assenso del responsabile o se vada esplicitata l'autorizzazione; con che modalità il responsabile possa revocare la singola giornata in smart working.

Queste sono solo alcune delle previsioni solitamente inserite nella policy, che andranno integrate con tutte le restanti indicazioni previste dalla legge.

Ciò che preme sottolineare è l'impatto che tali procedure possono avere sull'andamento del progetto. Alcuni punti di attenzione riguardano ad esempio: a) *la coerenza tra gli obiettivi legati al progetto smart working e i criteri di selezione delle persone* che verranno ammesse al pilota (come già evidenziato, è molto difficile posizionare lo smart working come strumento di efficacia organizzativa se i criteri di ammissibilità saranno legati prevalentemente ad esigenze di conciliazione vita-lavoro); b) *la necessità di coinvolgere e motivare i manager nella adozione dello strumento* e il rischio di escludere il loro ruolo dalla procedura di ammissione al pilota (accade talvolta che le procedure, proprio al fine di garantire la possibilità a tutti di aderire allo smart working, non prevedano un ruolo autorizzativo/decisionale del manager: se da un lato ciò garantisce una potenziale universale adesione delle persone, dall'altro rischia di generare resistenze nel manager che, subendo la novità, potrebbe almeno inizialmente mettere in atto azioni di contrasto); c) *la coerenza tra la richiesta di responsabilizzazione delle persone e il rifiuto di dare loro fiducia* limitando ad esempio gli orari e i luoghi della prestazione in smart working.

Come vedremo nel capitolo 5, dedicato alla regolazione, ciò che caratterizza la normativa sul lavoro agile è una sostanziale flessibilità che si basa su un trasferimento di fiducia da un livello decisionale ad un altro, a partire dalla formulazione della legge stessa, fino all'ultimo dei collaboratori aziendali: l'iper-regolazione o una regolazione restrittiva ne limitano infatti le opportunità.

Nella fase di stesura della policy – che prevede altresì che vengano confezionati i dispositivi normativi che consentono l'attuazione formale dello smart working, come vedremo nel capitolo 5 – viene inoltre dedicato un focus al piano di comunicazione e alla misurazione dei KPI del progetto. Il piano di comunicazione si rivela estremamente importante e riguarda sia la comunicazione interna che quella esterna, come vedremo nella parte finale di questo capitolo.

Quarto passo, costruire un patto tra tutti e fare formazione

La fase di formazione – successiva alle fasi più strategiche e di endorsement appena descritte – è una tappa fondamentale nel processo di accompagnamento di un'azienda nell'implementazione di un progetto sperimentale di lavoro agile.

Prima della partenza effettiva di un progetto, è bene infatti preparare, da un punto di vista culturale (ma non solo), i protagonisti principali di questo «test», ossia collaboratori e soprattutto (people) manager, coinvolgendoli rispetto agli obiettivi strategici espressi dal top management e dedicando una riflessione strutturata sui temi del senso della sperimentazione, del cambiamento, dell'evoluzione organizzativa, del nuovo modo di lavorare e di gestire le relazioni professionali.

La formazione – attraverso training specifici da destinare sia ai collaboratori che ai responsabili – innesca una fruttuosa logica di reciprocità e condivisione del senso dello smart working, diversa da azienda ad azienda: è fondamentale, per esempio, dare un ruolo attivo ai people manager, trasferendo i principali cambiamenti di paradigma relativi al loro ruolo di «responsabili di team» e supportandoli nella riflessione di come affrontare i cambiamenti imminenti.

Altrettanto indispensabile è interessare e motivare i collaboratori coinvolti nel gruppo pilota che avrà il compito di testare la nuova modalità lavorativa, vivrà la responsabilità di mettersi in gioco nel lavoro e nelle relazioni in modalità «agile» (ossia anche da remoto) e fare da apripista rispetto al cambiamento organizzativo futuro.

Tale fase ha quindi l'obiettivo di entusiasmare persone e ruoli diversi in azienda, rendere per tutti comprensibile ed operativo il senso strategico di una iniziativa innovativa che potrebbe rischiare la propria parziale riuscita o addirittura il fallimento, se non fosse resa trasparente e compresa fino in fondo da tutte le parti in gioco. Non basta quindi delineare un'ottima strategia aziendale e una buona campagna di comunicazione, se i corrispettivi e inevitabili passaggi culturali non vengono accompagnati e facilitati adeguatamente da un trasferimento di nuovi contenuti, da una sensibilizzazione a prepararsi al futuro e da un momento di confronto (da sviluppare anche in «aula») sulle regole del nuovo strumento.

Training e formazione sono quindi un ulteriore strumento per preparare e rendere la sperimentazione «viva», puntando in aula sull'interazione e la stimolazione dei dubbi, ma anche sulla valorizzazione dell'entusiasmo di chi – per i prossimi quattro, sei o dodici mesi – proverà cosa vuol dire che il lavoro è una cosa che si fa e non un luogo in cui ci si reca.

Quinto passo, fare sempre verifica e bilanci su come sta andando la sperimentazione

Dopo un periodo di sperimentazione che può durare tra i quattro e i sei mesi, è opportuno verificare, con uno strumento dedicato, l'andamento del percorso.

A tal fine viene proposta la somministrazione di una survey, simile a quella distribuita alla popolazione aziendale in fase iniziale, ma più sintetica.

Anche in questo caso il questionario risponde a più necessità: far riflettere le persone su dimensioni, vantaggi, svantaggi e implicazioni dello smart working chiedendo loro di «pesare» il grado di accordo con alcune affermazioni, parte delle quali corrispondono a quelle della survey iniziale.

Oltre che alle persone che hanno sperimentato direttamente la nuova modalità di lavoro (smartworker), è opportuno rivolgersi, per un bilancio finale dell'iniziativa, anche ai capi diretti degli smartworker (smartmanager) e ai colleghi (peer). È importante infatti ricostruire una fotografia dell'andamento del percorso attraverso una ricomposizione delle percezioni di tutti i soggetti che sono stati in qualche modo coinvolti.

La valutazione del processo serve innanzitutto a confermare o misurare, se esiste, una distanza tra gli esiti attesi nel momento in cui si parte e le evidenze raccolte, ma serve anche a misurare la distanza dalla fotografia scattata inizialmente.

Non è raro che le motivazioni che inducono le persone ad aderire fin dall'inizio al progetto di smart working (ovvero in primo luogo un miglioramento del proprio work-life balance e in second'ordine l'opportunità di essere maggiormente produttivi, concentrati e di lavorare per obiettivi) in fase di misurazione dell'andamento della sperimentazione cambino di intensità, registrando un ridimensionamento della soddisfazione legata al work-life balance e un incremento della sensazione di essere stati più produttivi e concentrati. Tali variazioni nella percezione delle persone vanno in questo caso nella direzione desiderata dall'azienda, che vede lo smart working come uno strumento di miglioramento della produttività.

Anche le risposte dei colleghi contribuiscono a fornire elementi di lettura di processo e contesto: la loro possibile insoddisfazione, il fatto che percepiscano il rischio che su di loro ricada un potenziale maggior carico di lavoro o i rischi legati all'isolamento o alla mancata partecipazione ai processi decisionali, sono campanelli d'allarme che dovrebbero mettere in guardia da insidiose resistenze, pregiudizi o scetticismo e richiederanno attenzione e supporto da parte di chi guida i processi.

Infine la reportistica quantitativa, nelle sue modalità di rappresentazione e comunicazione semplice, è uno strumento utile di comunicazione interna ed esterna, oltre che prezioso patrimonio di informazioni a disposizione della fase ulteriore del progetto, ma che ha necessità di essere integrato con un intervento di analisi qualitativa. Per questo, così come per l'indagine svolta a inizio progetto, anche a valle della survey di misurazione degli impatti è opportuno raccogliere informazioni direttamente dai protagonisti dell'esperienza, attraverso una serie di focus group a cui prenderanno parte smartworker e smartmanager. I focus group consentono al metodologo, all'interno di una relazione dialogica, di comprendere meglio le dinamiche di alcuni fenomeni attraverso domande qualitative dirette a dare uno spessore più dettagliato agli esiti della survey di misurazione degli impatti. Questi consentono infatti di affiancare ai dati quantitativi un racconto qualitativo dell'esperienza dei diversi target che hanno sperimentato il lavoro in modalità smart, rendendolo più immediatamente percepibile e comprensibile a tutti gli stakeholder del processo. Il focus group è anche una preziosa occasione di ulteriore ascolto dei people manager e dei collaboratori da parte dell'azienda, solitamente molto apprezzato dalle persone: conferma la reale volontà di cambiamento, indagando non solo gli aspetti virtuosi, ma anche soffermandosi su tutte le criticità incontrate, invitando i protagonisti ad esprimere feedback, suggerimenti operativi, ed assicurando un processo di comunicazione circolare ed efficace tra azienda, ownership di progetto e sperimentatori diretti ed indiretti.

Sesto passo (la visione futura), come mettere a sistema

Al termine di survey e focus di misurazione degli impatti, una volta integrate le informazioni con una batteria di dati estratti dal gestionale (indice di assenteismo, di richieste di permessi, numero di giornate complessivamente svolte in smart working, riduzione delle indennità di trasferta e pendolarismo, riduzione dei buoni pasto, ecc.), è possibile condurre una riflessione sul futuro della misura in azienda.

Il passaggio prevede di tornare al livello decisionale, condividere con il board le informazioni raccolte e prendere decisioni sul futuro della sperimentazione che non riguardano soltanto il *se* proseguire ma anche il *come*: è infatti possibile interrompere la sperimentazione rischiando di dover affrontare il disagio delle persone che stavano già utilizzando tale modalità di lavoro. Oppure è possibile proseguire, confermando le stesse persone del primo pilota, o mantenendo il numero delle persone del pilota ma imponendo una rotazione, o decidendo di ampliare il pilota per numero di persone da coinvolgere e numero di giorni fruibili in modalità smart, o ancora è possibile decidere di «mettere a sistema» lo smart working estendendolo a tutta la popolazione aziendale.

Ciascuna di queste soluzioni non è di per sé una buona o cattiva decisione, ma lo può diventare a seconda del contesto nel quale si inserisce e a seconda di come viene letta dalla popolazione aziendale stessa.

A che cosa deve fare fronte il board nella fase finale della sperimentazione? E quali scenari potrebbe trovarsi a dover affrontare?

Solitamente, come detto, soprattutto in questa fase storica che vede intraprendere la strada del lavoro agile soprattutto dalle aziende ben organizzate e attente alle innovazioni organizzative, gli esiti delle survey sono positivi. Qualche incertezza e criticità può però manifestarsi in relazione, ad esempio, all'efficienza della strumentazione informatica e tecnologica, che può riguardare il funzionamento del wi-fi, l'accessibilità agli applicativi aziendali o la disponibilità stessa di dispositivi mobili. In tal caso è comprensibile un atteggiamento più cauto del board, che prima di estendere la sperimentazione deve superare gli eventuali ostacoli organizzativi e il permanere di resistenze culturali.

Ciò che non va sottovalutata è la necessità di dare un senso alle decisioni che si inseriscono all'interno di uno scenario di aspettative nutrite dalla popolazione aziendale. L'assunzione della decisione di procedere cautamente, pur in presenza di risultati positivi da tutti i punti di vista e in assenza di blocchi oggettivi organizzativi o tecnologici, ovvero prorogare lo smart working allo stesso numero di persone senza dare alcuna altra motivazione, se non il timore dei decisori di non poter governare del tutto la novità organizzativa, espone al rischio che il lavoro agile si trasformi in una perenne sperimentazione ad appannaggio di pochi eletti.

Alla stessa stregua va posta attenzione ad una messa a sistema repentina e non adeguatamente presidiata: può capitare che il primo gruppo di persone coinvolte nella sperimentazione siano state intervistate, coinvolte, formate in occasione del progetto e che proprio grazie all'intervento di accompagnamento abbiano garantito al progetto un esito positivo. Non è automatico che una messa a sistema darà lo stesso esito, che venga accolta con lo stesso significato, che le persone colgano lo strumento del lavoro agile come un mezzo per migliorare l'efficienza del lavoro e i risultati delle performance. La messa a sistema, se non accompagnata da adeguata comunicazione, allineamento sul significato del lavoro agile, competenze sull'utilizzo degli strumenti, supporto al nuovo modo di interpretare la leadership dei capi, supporto agli skill di time management e organizzativi dei worker, se innestata nelle consuetudini organizzative tradizionali, potrebbe dare luogo ad un utilizzo del lavoro agile diverso da quello che ha caratterizzato la sperimentazione. Capita spesso che nella messa a sistema vengano utilizzati molti meno giorni di quelli consentiti, che i manager esprimano perplessità, che lo smart working venga inteso come una misura di welfare e non invece di miglioramento organizzativo.

Settimo passo, l'importanza della comunicazione: raccontare lo smart working

Nell'ambito degli step che in successione dovrebbero consentire una corretta introduzione del lavoro agile, non va dimenticata l'importanza della comunicazione.

Comunicare il progetto, definirne il senso generale e il messaggio che si intende condividere individuandone gli strumenti, è parte integrante del percorso e lo accompagna in tutti i suoi step. A titolo esemplificativo:

1. **l'avvio della sperimentazione:** nel percorso comunicativo il top management annuncia la partenza del progetto, esplicitando la propria decisione di implementarlo per il conseguimento di obiettivi legati all'incremento della produttività, dell'innovazione organizzativa, del work-life balance o del contenimento dei costi (come detto più volte, è importante il contenuto del messaggio e la sua coerenza con le impostazioni progettuali). Senza dubbio la fase iniziale costituisce un momento cruciale nel quale le persone «si fanno un'idea» delle motivazioni che hanno spinto l'azienda a decidere di implementare l'iniziativa. Se questo da un lato crea aspettative, dall'altro garantisce che le novità che verranno introdotte verranno intese con il giusto significato e non daranno adito a malintesi o non detti (proprio perché ne è una derivazione, non va dimenticato come il lavoro agile risenta di tutti gli stereotipi del telelavoro, che, nel tempo, sono diventati essi stessi la causa della sua mancata diffusione e quindi del suo fallimento). Se la partenza del progetto non viene accompagnata da alcun tipo di comunicazione, ciascuno attribuirà alla misura il senso che crede, anche in base al suo patrimonio di conoscenze ed esperienza;
2. il **lancio dell'indagine iniziale:** la fase di indagine preliminare richiederà inoltre un momento dedicato alla restituzione dei risultati. Anche in questo caso si tratta di stimolare le persone a compilare il questionario, chiarendo le ragioni per le quali viene somministrato e condividendo con loro i potenziali benefici sia per le persone che per l'azienda;

3. la **diffusione della policy:** altrettanto topico sarà il momento di comunicazione della policy ovvero di funzionamento del lavoro agile in azienda. Ancora una volta le comunicazioni «di servizio» andranno integrate con tecniche e strumenti tipici dello storytelling che siano in grado di inserire le richieste di adempimento e i richiami al rispetto delle procedure, entro un quadro di convenienza reciproca;
4. il **training:** la fase della formazione in aula o online costituisce un'altra eccezionale occasione di comunicazione, nella quale è auspicabile da un lato ascoltare le persone e raccogliere i feedback dei partecipanti e dall'altro condividere concetti, conoscenze, strumenti;
5. **la valutazione finale:** infine andrà comunicata adeguatamente la survey finale, accompagnata ad un invito a contribuire nel modo più sincero possibile ad esprimere il proprio pensiero rispondendo a tutte le domande che verranno poste, poiché sulla base degli esiti di quest'ultimo *assessment* l'azienda prenderà decisioni sul futuro della sperimentazione.

Un buon piano di comunicazione prevede l'attivazione di strumenti più bi-direzionali, accessibili anche a collaboratori e manager. È il caso ad esempio di forum o blog aziendali, di intranet, di social network, che sono ormai in uso nella maggior parte delle aziende ma che spesso non vengono «nutriti» per mancanza di contenuti o per il timore di un sovraccarico gestionale.

Tali spazi di condivisione possono essere animati con contenuti legati alle potenzialità e ai buoni usi dello smart working, con casi pratici ed esempi virtuosi, con testimonianze di altre organizzazioni o dei collaboratori stessi dell'azienda attraverso immagini, riflessioni, dubbi e considerazioni sul nuovo modo di lavorare. Rendere la sperimentazione del lavoro agile «viva», comunicarla in modo autentico e rendere collettivo lo sforzo richiesto per garantirne il funzionamento, sono elementi che hanno un peso nel determinare l'esito della nuova modalità di lavoro e il valore che le persone ne percepiscono.

3.

Campi di applicazione: i pilastri dello smart working

3.1 *E-skill e doppio cambio di mentalità («mindset» in aziendalese)*

Il percorso verso una maggiore consapevolezza dell'impatto del digitale sul valore del lavoro, della dimensione d'impresa non ha ancora raggiunto pienamente tutti gli ambienti del management italiano, per ragioni prevalentemente culturali, ma anche di natura anagrafica, oppure legislativa. Tuttavia, il momento storico legato al Coronavirus ha sicuramente accelerato la transizione al digitale: il CEO di Microsoft, Satya Nadella, ha infatti affermato che «abbiamo visto due anni di trasformazione

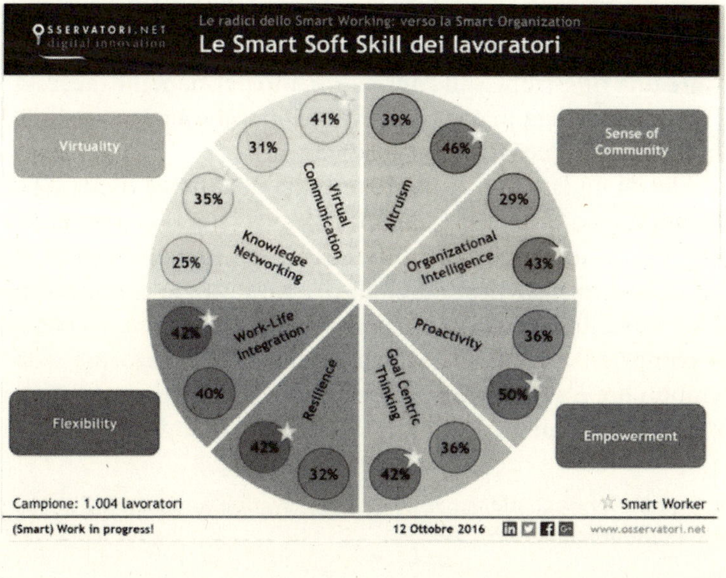

digitale in due mesi». Le competenze digitali sono quindi ormai necessarie a tutti i livelli in tutte le tipologie di aziende, per cui ora più che mai è necessario adeguare i percorsi formativi e sostenere l'aggiornamento digitale di milioni di lavoratori attraverso la formazione continua. Ed è necessario un doppio cambio di mentalità: doppio perché riguarda gli smartworker ma di fatto l'intera gerarchia aziendale, a partire dai loro responsabili.

Come di consueto, dobbiamo lavorare su tre livelli: **personale, strumentale e metodologico**.

- Il primo si concentra sulla capacità di **autodisciplina, team working e proattività**.
- La competenza strumentale è, invece, quella legata alla **Tech Ridness**, cioè la capacità di non avere un atteggiamento ostile di fronte alla tecnologia, bensì una propensione all'apertura e al desiderio di approfondirne le potenzialità.
- Quella metodologica dipende dalla seconda e si basa sulla applicazione delle tecnologie ritenute utili all'organizzazione e sulle relative metodologie che favoriscano il coworking e lo sharing di conoscenze.

Come acquisire queste abilità

Il tempo del Coronavirus è sicuramente l'occasione per avviare una riflessione sull'apprendimento permanente, necessario in una società in continua evoluzione, che avviene con una molteplicità di contesti, fisici e digitali[1].

Se da un lato, infatti, si è affermata una nuova modalità di lavorare basata sulla flessibilità, dall'altro si è resa ancora più urgente la necessità di acquisizione di nuove competenze lavorative e infrastrutture digitali per garantire la connessione. Ma i modelli formativi classici sono ormai inadeguati a offrire le competenze richieste dal lavoro nelle sue nuove forme, e dovranno ora essere sostituiti da modelli di formazione continua e in tempo reale. È necessario quindi un grande processo di

1. https://www.quotidiano.net/economia/lavoro-e-formazione-il-futuro-%C3%A8-in-remoto-1.5179992

nuova alfabetizzazione per acquisire le competenze richieste dal mondo post-Coronavirus, una sorta di reskilling del mondo del lavoro e dei gruppi dirigenti.

La distinzione tra ambiente di lavoro e ambiente didattico si annulla. Le persone apprendono attraversando e riattraversando paesaggi in cui ogni concetto, abilità, nuova conoscenza vengono collocati in ambienti didattici caratterizzati da una molteplicità di sentieri, linguaggi, esperienze.

Il testo si scompone, si arricchisce di nuovi linguaggi e si ripresenta come ipertesto; il contenuto assume diverse forme (video, immagini, infografiche); esplode, per citare ancora Franco Amicucci, «in una miriade di oggetti, in cui ciascuno vive di vita propria ma al tempo stesso si aggrega con altri oggetti e altre forme, dando vita a rappresentazioni della conoscenza pressoché infinite»[2]. L'espressione chiave è «liquidità della formazione»: una granularità che si adatta agli spazi e ai tempi delle persone e della struttura di riferimento, che scompone i modelli classici della vita organizzativa e apre la strada a una nuova sperimentazione didattica: la didattica dell'era digitale.

L'aula non scomparirà, bensì si evolverà e interagirà con i nuovi ecosistemi di apprendimento digitale verso la direzione «dell'apprendimento istantaneo *on demand*» e del *contextual learning*. L'ormai noto corso di e-learning evolve in biblioteche di oggetti, in microlearning componibili all'infinito per andare e definire percorsi sempre differenti. Un *learning path*, con esperienze di apprendimento individuali e comunitarie ricche di stimoli, significati, passioni. Saranno i moderni nomadi della conoscenza a decidere quale percorso intraprendere, con quali tappe, se ripeterlo o in che modo attraversare e riattraversare i nuovi paesaggi della conoscenza. L'obiettivo è cogliere le opportunità dei nuovi mondi organizzativi, senza lasciarsi sopraffare. Una soluzione in questo senso è quella dell'appren-

2 F. Amicucci, *Di gruppo in gruppo. Le competenze dei nuovi nomadi*, Btdc. alba project.it, 22 febbraio 2017 (btdc.albaproject.it/index.php?option=com_content&view=article&id=423:di-gruppo-in-gruppo-le- competenze-dei-nuovi nomadi&catid=105&Itemid=829).

dimento adattivo (*adaptive learning*), il modello che si sta affermando grazie all'Intelligenza Artificiale anche nelle grandi organizzazioni italiane. Si va verso una formazione sempre più su misura: ogni persona all'interno dell'organizzazione aziendale viene riconosciuta tramite un profilo utente che definisce il suo ruolo (quindi le competenze formali richieste) e il suo stile di apprendimento, rilevato con un test di ingresso. Una volta a regime, come avviene nell'esperienza quotidiana del web, sulla base del comportamento dell'utente il sistema si adegua e la sua profilazione evolve costantemente.

È necessaria ovviamente una preliminare mappatura di tutti gli strumenti di apprendimento di cui l'organizzazione dispone e degli ambienti esterni ai quali si ritiene utile accedere (corsi di formazione online gratuiti come i Mooc, video su YouTube o conferenze e interventi come i Ted Talks). Attraverso l'analisi semantica dei testi e il processo di selezione/filtraggio/estrazione dei contenuti, resi possibili dall'Intelligenza Artificiale, sarà possibile quindi individuare il materiale più adatto per ciascun utente e creare di conseguenza un archivio completo delle esperienze di apprendimento sfruttando i big data inseriti nel sistema.

Le competenze acquisite in ambienti di apprendimento adattivo possono essere certificate digitalmente (tra i sistemi più utilizzati, Open Badge e Blockcerts) e tracciate attraverso modelli di blockchain. In Italia sono attivi dei poli di sperimentazione: il più importante nel settore pubblico è quello del Consorzio interuniversitario Cineca, mentre in ambito privato un punto di riferimento è la società di e-learning e formazione Skilla, senza dimenticare le business school dei principali atenei italiani, che negli ultimi anni stanno scalando i ranking mondiali, anche grazie al crescente utilizzo di tecnologia e Intelligenza Artificiale fra gli strumenti di erogazione dei corsi (si veda ad esempio la piattaforma di IA «Flexa» creata dal MIP, Business School del Politecnico di Milano, insieme a Microsoft: un nuovo strumento di formazione professionale continua, che offre, in modalità personalizzata, pillole di formazione quotidiana e contenuti da approfondire dopo aver raccolto per ogni utente un *self assessment* avanzato delle proprie competenze e degli obiettivi professionali).

3.2 *Quando lo smart working non è smart: come evitare le trappole del lavoro agile*

Il lavoro agile nasce per poter permettere una vita con meno affanni; tuttavia, quando non è contrattualizzato, potrebbe celare alcune trappole:

1. Continuità fra vita personale e vita professionale: non avere più un orario lavorativo ben scandito potrebbe indurre il lavoratore, spinto dal desiderio di grande produttività, a non staccare mai, mettendo in secondo piano la vita personale.
2. Riduzione della socialità: il confronto diretto con i colleghi e il proprio gruppo di lavoro potrebbe ridursi; sicuramente

le modalità di interazione subiscono delle modifiche e si potrebbe così perdere quella dimensione di condivisione di aspetti della propria vita che eludono dalle attività professionali e che concorrono a creare un buon clima di collaborazione ed eventualmente anche di svago e divertimento nelle pause pranzo oppure alle macchinette del caffè.

3. Conversione delle mura domestiche da luogo di riposo a luogo di lavoro: in questo nuovo scenario la casa diventa a tutti gli effetti la sede di lavoro e di conseguenza si potrebbe perdere quel senso di relax tradizionalmente associato alle mura domestiche. È quindi fondamentale organizzare bene il proprio lavoro, sia prestabilendo orari ben precisi, sia definendo con precisione gli spazi della propria casa.

Che fine fa l'energia che si ha nel lavoro di gruppo?

Per molti lavoratori non è sufficiente né soddisfacente interagire unicamente per e-mail, perché le relazioni sociali sono importanti e i risultati migliori si ottengono in team; di conseguenza, il lavoro remotizzato potrebbe causare problemi alla capacità di fare squadra. Una soluzione potrebbe essere recarsi in azienda almeno un paio di giorni a settimana per partecipare alle riunioni: se sono mirate e non tornano ad essere incontri-fiume, sono infatti occasioni preziose per generare nuove idee e sviluppare o consolidare il senso di appartenenza al gruppo. In alternativa, le postazioni di coworking: potrebbero iniziare ad essere utilizzate di più nel nostro Paese e diventare il luogo di incontro tra clienti, colleghi e professionisti di altri settori con cui condividere esperienze e anche momenti di svago davanti a un caffè.

La famiglia costretta a diventare smart family?

È ormai noto che una diversa collocazione temporale del proprio lavoro consente di liberare tempo.

Non sempre, però, il tempo che si guadagna coincide con quello del resto della famiglia. Già oggi ci sono diverse categorie di lavoratori che scelgono degli orari di lavoro non tradizionali, soprattutto i freelance, come grafici, consulenti o programmatori e soprattutto coloro che vengono definiti *Millennials* (quindi nati negli anni Ottanta), a maggior ragione se non hanno ancora bambini. Per chi ha figli entrano invece in gioco variabili diverse nella gestione del tempo, che vanno affrontate seriamente, in modo che il cosiddetto *work-life balance* sia veramente possibile. Ad esempio, un capo che impone turni o richiede disponibilità extra non è definibile pienamente «smart». Meglio, quindi, contrattare una flessibilità più in sintonia con i tempi della famiglia, da gestire in modo autonomo senza l'obbligo di timbrare il cartellino dalle 9 alle 18.

Senza autonomia la casa diventa una gabbia

Uno dei principali strumenti dello smart working per garantire un corretto bilanciamento fra lavoro e vita privata sta nella possibilità di pianificare il lavoro in autonomia, dotandosi di accorgimenti tecnologici in grado di gestire le emergenze anche se si è lontani dal computer, come uno smartphone con auricolari che sia in grado di trascrivere le conversazioni o che permetta la teleconferenza. Infatti, senza le adeguate strumentazioni, le giuste precauzioni e accordi definiti, lo smart working potrebbe rivelarsi non flessibile e ridursi, ad esempio, in un semplice trasferimento di luogo nel caso in cui dovesse venire richiesto al lavoratore di garantire la stessa reperibilità al computer di quando ci si recava fisicamente in azienda.

È, invece, fondamentale garantire questa flessibilità al lavoratore, ad esempio in un'ottica di gestione dei figli, per permettere una migliore organizzazione della vita domestica; per questo è apprezzabile vedere come molte aziende siano oggi impegnate nel voler superare questo vincolo, chiedendo al lavoratore una presenza su fasce orarie ridotte, ma concordate.

Meno rigido e più remunerativo del part-time

È noto che molte donne decidano di optare per un contratto di lavoro part-time per avere più tempo a disposizione da dedicare alla propria famiglia, ma è altrettanto noto che questa formula non sempre riesce a risolvere il problema della conciliazione con la vita domestica. Una prova di ciò è il fatto che, in media, chi è impiegato part-time usufruisce di congedi e permessi in misura relativamente maggiore[3], a causa di vincoli rigidi sugli orari che permangono anche nel lavoro a tempo parziale. Pensiamo infatti a una madre che lavora fino alle ore 16 e che ha un figlio che esce da scuola alle 15:30: pur lavorando a tempo ridotto, dovrà comunque delegare il compito di andare a prendere suo figlio a qualcun'altro (tendenzialmente nonna/o o baby sitter). È allora immediato intuire che l'unica vera soluzione sarebbe quella di pensare a una riduzione di orario tagliata su misura delle proprie esigenze o a un'alternativa al part-time priva di vincoli di presenza fisica in ufficio e di taglio della retribuzione: ad esempio proponendo al dipendente di uscire prima e di recuperare ore di lavoro di sera da casa. Trovare un accordo porterebbe benefici anche all'impresa, in quanto avrebbe un dipendente meno stressato che garantirebbe comunque un full time, senza caricare gli altri dipendenti di lavoro extra.

La trappola del cottimo digitale 20h

Può capitare di controllare mail di lavoro e notifiche sui dispositivi anche nel tempo libero. Se, però, diventa un'abitudine o, peggio, un obbligo, allora si rischia di non «staccare» mai, lasciando che lo spazio professionale invada quasi completamente quello della vita privata. Come si dirà più oltre, il diritto alla disconnessione è sancito dalla legge, ma è bene che le fasce di reperibilità siano definite nell'accordo con l'azienda, in modo che non vi sia spazio per emergenze inesistenti o per richieste di iperproduttività ingiustificate e (spesso) non adeguatamente retribuite.

3. G. Labartino, F. Mazzolari e G. Morleo, *Politiche di remunerazione e organizzazione del lavoro sempre più disegnate in funzione delle esigenze di lavoratori e aziende*, Nota dal Centro Studi Confindustria 14/19 del 29 novembre 2019.

3.3 *Diritti e doveri dello smartworker*

Secondo uno dei maggiori esperti in materia, Mariano Corso, professore del Politecnico di Milano: «Leggere la parola diritto associata allo smart working è per me una sofferenza! Lo smart working non è welfare, ma un accordo individuale libero e reversibile tra lavoratore e impresa, un gioco a somma positiva che non dovrebbe essere mai presentato come concessione o diritto! Dobbiamo leggere questo obbligo per quello che è, una misura transitoria che serve a forzare le imprese ad adottare, ovunque possibile, il lavoro da remoto. È anche un modo imperfetto di prendere atto del disagio dei genitori che, a scuole chiuse e senza poter ricorrere ai nonni, non possono essere forzati a tornare in ufficio, specie se c'è dal punto di vista tecnico la possibilità di lavorare da remoto. Speriamo almeno che questa temporanea forzatura venga utilizzata per sperimentare nuovi strumenti e modi di lavorare per poi tornare al più presto a fare il vero smart working, che è un'altra cosa!».

In realtà, se questo approccio è teoricamente corretto, l'approdo nella realtà, anche alla luce della sperimentazione forzata del «Covid home working» fa capire che servono regole, che sanciscano diritti e doveri per supportare al meglio questa forte innovazione che richiede un processo di accompagnamento e partecipazione. Tutto ciò rappresenta sicuramente anche una occasione per un aggiornamento sul fronte della contrattazione.

La più recente normativa in materia (la legge 81/2017) definisce il lavoro agile come segue:

Lavoro agile
Legge 22 maggio 2017, n. 81

Art. 18 Lavoro agile

1. Le disposizioni del presente capo, allo scopo di incrementare la competitività e agevolare la conciliazione dei tempi di vita e di lavoro, promuovono il lavoro agile quale modalità di esecuzione del rapporto di lavoro subordinato stabilita mediante accordo tra le parti, anche con forme di organiz-

zazione per fasi, cicli e obiettivi e senza precisi vincoli di orario o di luogo di lavoro, con il possibile utilizzo di strumenti tecnologici per lo svolgimento dell'attività lavorativa. La prestazione lavorativa viene eseguita, in parte all'interno di locali aziendali e in parte all'esterno senza una postazione fissa, entro i soli limiti di durata massima dell'orario di lavoro giornaliero e settimanale, derivanti dalla legge e dalla contrattazione collettiva.

2. Il datore di lavoro è responsabile della sicurezza e del buon funzionamento degli strumenti tecnologici assegnati al lavoratore per lo svolgimento dell'attività lavorativa.
3. Le disposizioni del presente capo si applicano, in quanto compatibili, anche nei rapporti di lavoro alle dipendenze delle amministrazioni pubbliche di cui all'articolo 1, comma 2, del decreto legislativo 30 marzo 2001, n. 165, e successive modificazioni, secondo le direttive emanate anche ai sensi dell'articolo 14 della legge 7 agosto 2015, n. 124, e fatta salva l'applicazione delle diverse disposizioni specificamente adottate per tali rapporti.
   I datori di lavoro pubblici e privati che stipulano accordi per l'esecuzione della prestazione di lavoro in modalità agile sono tenuti in ogni caso a riconoscere priorità alle richieste di esecuzione del rapporto di lavoro in modalità agile formulate dalle lavoratrici nei tre anni successivi alla conclusione del periodo di congedo di maternità previsto dall'articolo 16 del Testo Unico delle disposizioni legislative in materia di tutela e sostegno della maternità e della paternità, di cui al decreto legislativo 26 marzo 2001, n. 151, ovvero dai lavoratori con figli in condizioni di disabilità ai sensi dell'articolo 3, comma 3, della legge 5 febbraio 1992, n. 104).
4. Gli incentivi di carattere fiscale e contributivo eventualmente riconosciuti in relazione agli incrementi di produttività ed efficienza del lavoro subordinato sono applicabili anche quando l'attività lavorativa sia prestata in modalità di lavoro agile.

5. Agli adempimenti di cui al presente articolo si provvede senza nuovi o maggiori oneri per la finanza pubblica, con le risorse umane, finanziarie e strumentali disponibili a legislazione vigente.

3.4 *Il ruolo dell'accordo individuale*

La disciplina emergenziale, da ultimo – dopo la reiterata introduzione nei DPCM – all'interno dell'art. 90 del d.l. n. 34/2020, ha previsto che la modalità di lavoro agile è applicabile in via automatica in ogni rapporto di lavoro subordinato nell'ambito dell'intero territorio nazionale, anche in assenza degli accordi individuali previsti.

Fino al termine dello stato di emergenza (previsto per il 31 luglio 2020), l'accordo fra lavoratore e datore di lavoro non è più necessario per l'attivazione del lavoro agile, mentre permane nel caso del telelavoro, potendo lo stesso trovare applicazione solo a seguito di una scelta volontaria del datore di lavoro e del lavoratore interessato. (*Accordo interconfederale sul telelavoro* del 2004 di recepimento dell'accordo quadro europeo del 2002).

3.5 *Luogo e orario di lavoro*

Nel caso del lavoro agile, che non rappresenta una nuova tipologia contrattuale ma una modalità flessibile di esecuzione del rapporto di lavoro subordinato, non si prevede l'obbligo di postazione fissa (sia esso interno o esterno alla organizzazione di appartenenza) e nemmeno il ricorso fisso a strumenti di connessione telematica con il datore di lavoro.

Al contrario, nel caso del telelavoro l'attività che potrebbe essere anche svolta nei locali dell'impresa viene regolarmente svolta al di fuori dei locali della stessa avvalendosi delle tecnologie dell'informazione e, di norma, sarà il datore di lavoro a essere responsabile della fornitura, dell'installazione e della manutenzione degli strumenti telematici necessari allo svolgimento della prestazione di lavoro.

Dunque ciò che caratterizza e diversifica profondamente il lavoro agile dal telelavoro è proprio questa alternanza del luogo di lavoro, anche se l'esperienza della contrattazione collettiva in materia di telelavoro ci rimanda anche a esperienze in cui viene previsto il rientro del lavoratore in azienda, solitamente in modalità hot-desking, normalmente per al massimo un giorno alla settimana o al mese. Questo non muta le caratteristiche della prestazione che sotto questo aspetto, quindi, continua ad essere caratterizzata dallo svolgersi al di fuori dei locali aziendali.

L'orario di lavoro

Se analizziamo il testo della legge 81/2017, come per il luogo di lavoro, anche per quanto riguarda l'orario di lavoro non si prevedono vincoli precisi, fatta salva una generica necessità che la prestazione rispetti i limiti di durata massima previsti dalla legge e dalla contrattazione collettiva su base giornaliera e settimanale. La durata massima è posta come limite ma sempre in una nuova visione di flessibilizzazione della collocazione temporale di svolgimento del lavoro. Nonostante norme precise su pause e riposi, l'autodeterminazione del proprio tempo di lavoro rende questi aspetti a totale gestione del lavoratore.

Se il lavoro agile nasce per offrire al lavoratore un ampio potere di auto-organizzazione (ed in ciò l'assenza di una postazione fissa gioca un ruolo essenziale), è naturale che gli unici limiti che vengono legislativamente fissati per quanto riguarda l'orario del lavoro siano quelli relativi alla durata massima della giornata e della settimana lavorativa, derivanti dalla legge e dalla contrattazione collettiva (art. 18, co. 1 l.81/17) così come si lascia all'accordo individuale il compito di identificare i tempi di riposo e le misure tecnico-organizzative per assicurare il cosiddetto diritto alla disconnessione del dipendente (su questo si veda il paragrafo 3.6) per evitare che il lavoro agile possa invadere tutti gli spazi e tempi della sua vita.

3.6 *Il diritto alla disconnessione*

> «Chi è maestro nell'arte di vivere distingue poco tra il suo lavoro e il suo tempo libero, tra la sua mente e il suo corpo, la sua educazione e la sua ricreazione, il suo amore e la sua religione. Con difficoltà sa cosa è cosa. Persegue semplicemente la sua visione dell'eccellenza qualunque cosa egli faccia, lasciando agli altri decidere se stia lavorando o giocando. Lui pensa sempre di fare entrambe le cose insieme».
>
> Pensiero Zen cit. in L.V. Moretti, *Il lavoro ben fatto*, Amazon Fulfillment 2020

Come già anticipato, non sono tutte rose e fiori, ed esistono alcuni pericoli concreti per il lavoratore in smart working, già presentati nel paragrafo 3.2 e che riassumiamo sinteticamente così:

1. scomparsa di confini fisici e temporali fra vita lavorativa e vita professionale;
2. riduzione del confronto diretto con colleghi;
3. perdita della visione della propria abitazione come «luogo di relax».

Nel tentativo di ridurre i rischi e gli impatti di questi pericoli, è stato introdotto il concetto di diritto alla disconnessione.

Come spiega l'avv. e prof.ssa Dianora Poletti[4], il dibattito sul tema è di particolare attualità perché la recente riforma del diritto del lavoro francese – la discussa *Loi travail*, approvata nell'agosto 2016, che condivide con il Jobs Act italiano la necessità di adeguamento agli obiettivi posti dall'Unione Europea, in primis la ripresa del mercato del lavoro – ha previsto per la prima volta il *droit à la déconnexion*.

Con tale espressione si intende il diritto di lavoratori e lavoratrici all'irreperibilità, cioè a non essere oggetto di richieste e sollecitazioni per via telematica da parte del datore di lavoro al di fuori dell'orario massimo di lavoro, e a potersi disconnettere dalle tecnologie che ne consentirebbero la rintracciabilità senza

4. D. Poletti, *Il c.d. diritto alla disconnessione nel contesto dei diritti digitali*. Giuffrè, Milano 2017.

interruzioni, senza subire ripercussioni sul piano retributivo e sulla prosecuzione del rapporto di lavoro.

In particolare, volendo fare un ulteriore passo indietro, si segnala che il primo caso di regolamentazione risale al 2011, quando Volkswagen, in un suo stabilimento tedesco, decise di spegnere i server delle e-mail mezz'ora dopo la fine dell'orario di lavoro per poi riaccenderli mezz'ora prima dell'inizio. Seguirono poi anche BMW e altre aziende come Deutsche Telekom, Eon e Henkel, con analoghi provvedimenti, introducendo delle regole per impedire la pretesa alla pronta risposta alla posta elettronica, mentre la Daimler impose il blocco delle e-mail durante il periodo di vacanza.

Se, quindi, nell'ordinamento francese, il diritto alla disconnessione viene affrontato nella *Loi travail* che affronta il tema della conciliazione vita personale/vita lavorativa, in Italia viene contemplato nel disegno di legge italiano n. 2233 del 2016 del ministro del Lavoro Poletti, sulla scia di quanto già presentato (in maniera più approfondita) con il precedente disegno di legge n. 2229 dello stesso anno, a cura dei senatori Sacconi, D'Ascola, Marinelli e Pagano, che si proponeva di colmare il vuoto normativo riscontrato rispetto a una dimensione del lavoro «sempre meno scandita da orari, luoghi di lavoro e relativi controlli e, per contro, sempre più caratterizzata da una dimensione collaborativa volta a valorizzare, a livello individuale e aziendale o comunque di prossimità e rete, competenze, professionalità, obiettivi, progetti e con essi la produttività e qualità del fattore lavoro e la sua corretta remunerazione in termini di valore creato e condiviso».

Oggi, in Italia, questo diritto alla disconnessione si ritrova nella già citata legge che disciplina lo smart working (la legge 81 del 2017) ed è volta a tutelare chi lavora in un regime di lavoro agile. L'obiettivo della legge è quello di delineare delle regole, per evitare, fra le altre cose, situazioni di lavoratori costretti a orari infiniti, con reperibilità costante e assenza di riposo, fino a generare confusione nel confine fra vita privata e vita lavorativa. La normativa è ben chiara nello spiegare che lo smart working non è una nuova tipologia di contratto, ma solamente un nuovo modo di operare con orari più flessibili e lontano dalla sede aziendale, obbligando al rispetto dei tempi di riposo e alla possibilità di disconnessione alla fine dell'orario di lavoro.

3.7 *I controlli sull'attività lavorativa*

Fermo restando che il controllo sulla prestazione lavorativa, coerentemente con la filosofia manageriale dello smart working, dovrebbe essere operato principalmente sui risultati dell'attività lavorativa, la legge si preoccupa di disciplinare l'esercizio del potere di controllo del datore di lavoro. In questo senso, si prevede che l'accordo individuale di lavoro agile debba specificare le modalità di esercizio – così che siano evidenti tra le parti – e ricorda la necessaria applicazione dell'art. 4 dello Statuto dei lavoratori, che esclude la possibilità di utilizzare strumenti di controllo dell'attività lavorativa. Un eventuale controllo sarà, allora, possibile solo sulle informazioni provenienti dagli strumenti di lavoro o da strumenti installati, previo accordo sindacale o autorizzazione, per specifiche esigenze (produttive, organizzative, di sicurezza dei lavoratori o dei beni aziendali), ma a condizione che sia data informazione ai lavoratori e sia rispettata la normativa in materia di protezione dei dati personali.

3.8 *La tutela della salute e la sicurezza sul lavoro*

La legge 81/2017 stabilisce che «il datore di lavoro è responsabile della sicurezza e del buon funzionamento degli strumenti tecnologici assegnati al lavoratore per lo svolgimento dell'attività lavorativa»: deve quindi garantire la salute e la sicurezza dei propri collaboratori che prestano la propria attività in modalità agile. A questo scopo la legge chiede al datore di lavoro di consegnare, con cadenza annuale, l'informativa sui rischi generali e specifici legati all'esecuzione del rapporto di lavoro. Le particolari modalità del lavoro agile hanno, poi, spinto il legislatore a specificare che «il lavoratore ha diritto alla tutela contro gli infortuni sul lavoro e le malattie professionali dipendenti da rischi connessi alla prestazione lavorativa resa all'esterno dei locali aziendali». È riconosciuto e tutelato anche l'infortunio in itinere durante il percorso da casa al luogo prescelto per lavorare e ritorno. Per quanto riguarda i tempi di riposo, invece, come si è già detto nel paragrafo precedente, l'accordo individua anche «le misure tecniche e organizzative necessarie per assicurare la disconnessione del lavoratore dalle strumentazioni tecnologiche di lavoro e prevede incentivi di carattere fiscale e contributivo in relazione agli incrementi di produttività ed efficienza del lavoro subordinato».

Specifiche misure di sicurezza che prevedono l'impiego di particolari strumenti informatici rappresentano una possibilità ancora non utilizzata pienamente dalle aziende italiane per lavorare in totale sicurezza anche al di fuori della sede aziendale, per evitare rischi di intrusione o furto di dati sensibili. Sicuramente a seconda del business di appartenenza alcuni strumenti saranno più funzionali di altri.

Si pensi, ad esempio, al campo dell'editoria online (in cui praticamente la totalità del lavoro viene svolta utilizzando degli strumenti basati sul cloud): qui l'installazione di un antivirus e la creazione di backup sicuri sono certamente più importanti rispetto alla introduzione di una VPN aziendale.

Né autonomo né dipendente: il nuovo lavoro e il contratto ibrido

Nel mondo industriale (ma non solo) in molti casi si sta affermando un lavoro che a fatica è descrivibile come lavoro dipendente (subordinato) e altrettanto come lavoro autonomo. Le convenzioni giuridiche italiane riconoscono solo questi due tipi di lavoro e schiacciare il lavoro di una start-up metalmeccanica da una parte o dall'altra non funziona.

È necessario riaprire, con connotati post-ideologici, il discorso pubblico sul lavoro. Abbiamo detto come il combinato disposto di Industry 4.0 e delle infrastrutture di blockchain e IA cambierà in maniera profonda l'organizzazione delle imprese. Confinare tali effetti ai *rider* e ai relativi «lavoretti» è una lettura approssimativa, anche per il numero dei cosiddetti *gig worker*[5].

Il lavoro 4.0 va ben oltre il *food delivery*, e necessità, come la produzione industriale, di nuove categorie interpretative e giuridiche. La grande trasformazione sta cambiando tempi e spazi del lavoro industriale. Lo smart working mette in crisi l'idea delle quaranta ore settimanali ma, con la giusta contrattazione, lo fa in modo virtuoso. Abbiamo la prova: in tutti i casi in cui abbiamo contrattato le tutele sono migliorati l'equilibrio tra vita e lavoro e la produttività.

Con il governo di Giuseppe Conte rischiamo l'ottava riforma del mercato del lavoro in undici anni, in un Paese in cui puntualmente ci si divide su queste norme senza peraltro applicarne le intuizioni migliori (vedi, ad esempio, l'apprendistato e la certificazione delle competenze, che attendiamo dalla legge Treu del 1997). Con Pietro Ichino[6] ho più volte sottolineato che servono norme adeguate ai tempi, ma anche la stabilità di queste norme, perché la stabilità è un valore. La contrattazione collettiva, su cui la CISL insiste da anni, ha garantito una maggiore affidabilità, stabilità ed esigibilità delle tutele (soprattutto dopo gli accordi in FCA del 2011).

Nel lavoro 4.0 sono necessari sistemi di inquadramento moderni e intelligenti che descrivano e valorizzino la professionalità in evoluzione e che diffondano una cultura di valorizzazione dell'impegno e della meritocrazia. Se ci limitiamo a cambiare nomi alle mansioni senza comprendere i nuovi ruoli perderemo l'ennesimo treno. Con una contrattazione efficace si fa crescere contemporaneamente la professionalità di tutti, facendo il bene dell'insieme dei lavoratori, e la professionalità individuale, facendo il bene del singolo. Dal mio punto di vista una sperimentazione praticabile può riguardare dei veri e propri contratti «ibridi», in cui una parte è più simile al lavoro

5. Per approfondimento: M. Faioli, Il lavoro nella gig-economy, Treccani, Il libro dell'anno del Diritto, 2019.

6. Ad esempio, nell'articolo pubblicato dal Corriere della Sera il 21 aprile 2017, *Lavoro: la volatilità della legge e la rivincita della contrattazione.*

subordinato, anch'essa con contenuti sempre nuovi, e una parte «individuale» in cui la persona è coinvolta in attività, compiti, responsabilità e risultati con caratteristiche quasi simili al lavoro autonomo, o meglio «a progetto».

Il contratto ibrido è fatto per una parte dalle regole che normalmente rientrano nella contrattazione collettiva del lavoro dipendente, su materie e «prestazione lavorativa» tipiche del lavoro subordinato. Vi deve poi essere una parte che fornisca normative e regole di riferimento per quello che spesso è sostituito da una contrattazione individuale. Se il sindacato non riesce a intervenire su questa parte individuale del rapporto di lavoro, non solo lascia soli coloro che rappresenta, ma chiude gli occhi, smettendo di essere – come si diceva una volta – «autorità salariale». E questo perché perde terreno di negoziazione su tutti i contenuti della prestazione lavorativa: orari, professionalità, salute e sicurezza. Non voglio correre troppo avanti, ma vedrete quante opportunità ci offriranno le nuove infrastrutture di blockchain attraverso gli smart contract, occasioni storiche che potrà cogliere chi non gira le spalle al progresso.

Un contratto intelligente è un accordo che si perfeziona, automaticamente, in presenza di determinate condizioni. Se pensiamo a tutto il mercato del lavoro, e non solo alla gig economy, credo che il livello di trasparenza, di fiducia e affidabilità garantirà semplificazione e riduzione di abusi. Certamente le tecnologie blockchain permetteranno di avere queste garanzie, che nel passato erano necessariamente delegate a una figura «terza». L'esigenza di gestire l'attivazione o disattivazione di un contratto continuativo o saltuario in funzione di alcune semplici condizioni, senza burocrazia, cancellerebbe molti alibi. Il contratto deve far scattare tutte le comunicazioni per avviare le coperture assicurative e contributive e non consentire irregolarità nel riconoscimento dell'orario di lavoro. Ci sono sperimentazioni molto interessanti: penso ad app come Strajob (che ha collaborato con la CISL) che consente al lavoratore di dimostrare la presenza sul luogo di lavoro. Pensate agli smart contract collegati ai dispositivi professionali anche attraverso le tecnologie IoT nelle imprese: gli spazi che si aprono sono ampi.

Serve, pertanto, costruire contratti nuovi, senza occuparsi subito della loro collocazione gerarchica: è sicuramente più utile che ricorrere da subito a un'ulteriore delegificazione. Il nuovo lavoro ha forme sempre più inedite e, visti i numeri, credo sia fondamentale capire come condizionerà la contrattualistica del settore industriale. La contrattazione e la tecnologia liberata dalla zavorra della iper-ideologizzazione del lavoro possono fare tantissimo in termini di efficacia e di stabilità. La grande trasformazione ci sfida sul decentramento contrattuale perché è l'unico livello utile per stare al passo con i cambiamenti, come scritto anche nel recente accordo interconfederale sulla contrattazione.

3.9 *Diritti sindacali*

Il lavoro agile non sospende né riduce le libertà, i diritti e le agibilità sindacali. Nei contratti aziendali vanno specificate le modalità attraverso le quali il lavoratore collocato in smart working possa esercitare i propri diritti sindacali anche attraverso gli stessi strumenti informatici con cui lavora da remoto. In particolare, occorre definire le modalità di partecipazione da remoto – tramite collegamento in video call – alle assemblee sindacali, nonché di ricezione delle necessarie informazioni dalle RSU, e quelle di accesso alle bacheche sindacali digitali opportunamente realizzate. Vanno previste e regolamentate le modalità di partecipazione dei lavoratori in smart working alle assemblee nella sede di lavoro assieme a tutti gli altri lavoratori.

Occorre che sia garantita negli accordi la possibilità per i rappresentanti sindacali di raggiungere tutti i lavoratori (utilizzo mail e telefono, bacheca elettronica, video/call conference, ecc.). Più in generale occorre definire le modalità di esercizio dell'attività sindacale per i lavoratori che rivestono il ruolo di RSU e RLS o che hanno altri incarichi sindacali (dalle *Linee Guida Fim Cisl sullo smart-working*).

3.10 *Smart workers? Smart Unions*

L'epoca che stiamo vivendo è incredibile, siamo davanti a grandi trasformazioni: questo se da una parte porta con sé un senso umano di paura per l'ignoto, dall'altra apre incredibili opportunità. Ci troviamo davanti, come ho scritto in uno dei miei ultimi libri[7], a quello che con molta probabilità sarà il terzo balzo in avanti dell'umanità dopo la rivoluzione neolitica e quella industriale.

Una riflessione impegnativa e di grande respiro sulla tecnologia e sul senso del lavoro serve alla rigenerazione del migliore spirito sindacale «per approdare ad un'idea di rappresentanza, che pur mantenendo la sua matrice fondativa solidaristica - "insieme promotori di giustizia"- la riposiziona dentro una dimensione di fiducia e governo delle trasformazioni del lavoro, con l'obiettivo di interpretarle e dargli una nuova e più efficace rappresentanza».

Un primo aspetto su cui riflettere è come le tecnolgie digitali determinino la necessità per il sindacato di cambiare strategie e modalità comunicative. Non esiste una scelta binaria tra tecnologia e «contatti umani», ma ripensare la comunicazione e cambiare linguaggio diventa per il sindacato utile e necessario perché significa introdurre nuove categorie di interpretazione dei fenomeni sociali e del lavoro, offrire visioni in grado di accomunare le persone e farle sentire parte di una rappresentazione condivisa.

Un sindacato smart deve inoltre acquisire familarità e dimestichezza con le piattaforme digitali: dovrebbe accedere ai propri big data, generati dalle migliaia di interazioni che rappresentano il suo lavoro: se si riuscisse a leggere come megadati i dati di bilancio aziendali, dei Caf, dei patronati, della contrattazione, dei dati associativi e delle vertenze, si potrebbero ottenere informazioni importantissime.

7. M. Bentivogli, *Contrordine compagni. Manuale di resistenza ala tecnofobia per la riscossa del lavoro e dell'Italia*, Rizzoli, 2019.

E poi la centralità della formazione. Anzitutto le nuove tecnologie aiutano la formazione interna. Ormai Webinar e Skype professional sono largamente utilizzati per realizzare formazione a distanza per i delegati e videoconferenze per riunioni più rapide e meno dispersive, risparmiando tempi e costi di spostamento.

La formazione professionale rappresenta più in generale il principale strumento per garantire l'occupabilità dei lavoratori, minimizzandone il rischio di perdita del posto di lavoro per gli effetti dirompenti delle innovazioni digitali. Un sindacato smart è chiamato a ripensare il suo ruolo, ridefinire i propri compiti e le proprie responsabilità, passando da un'azione incentrata sulla job protection a una fondata sullo skill development, e scegliendo la partecipazione come modello di riferimento nelle relazioni industriali.

Le competenze e la formazione rappresentano, dunque, per i lavoratori il «diritto al futuro». Nei prossimi anni serviranno tecnici specializzati per soddisfare le richieste delle imprese, ma già oggi il 33 per cento delle professionalità tecniche risulta introvabile. In un Paese che ha un crescente skill mismatch, ovvero in cui le competenze possedute dalle persone e quelle richieste dal mercato del lavoro non corrispondono, tagliare gli investimenti in formazione vuol dire spianare la strada alla disoccupazione. Nel contratto metalmeccanico abbiamo inserito il diritto soggettivo alla formazione, proprio perché pensiamo che per combattere la skill obsolescence (la mancanza di competenze riguardanti le innovazioni recentemente introdotte nei processi produttivi, che colpisce in particolare i lavoratori più anziani) servirà un sistema formativo permanente e continuativo. Per questo ritengo che il mantenimento del valore legale del titolo di studio sia anacronistico: avrebbe più senso una certificazione delle competenze aggiornata lungo tutta la vita lavorativa.

La Smart Union deve essere un soggetto che non si difende ma che incalza il cambiamento e lo promuove, senza zavorrarlo. Ovviamente per esserlo deve essere un sindacato che studia e approfondisce. Noi abbiamo fatto un'iniziativa allo scopo,

FimXSkill 4.0: pensiamo di dover passare dalla job protection alla job promotion, alla capacità di costruire e individuare gli skill che i lavoratori oggi devono possedere (Skill-development).

Vogliamo essere il sindacato che tiene insieme emergenza e prospettiva: se non ci occupiamo di essere nelle aziende innovative dove ci sono giovani con skill avanzati rischiamo di diventare associazioni di superstiti. Il sindacato deve rappresentare chi lavora, anche per i settori che lo considerano meno importante. Cambia la battaglia ma non il ruolo delle rappresentanza collettiva, che non è finito con le nuove tecnologie, ma si sposta su una regola di ingaggio tra impresa e lavoro organizzato di livello più elevato. La parola d'ordine non è più antagonismo ma partecipazione, come avviene in Nord Europa.

4.

Gli strumenti dello smartworker

La legge 81/2017 conferma l'obbligo (e la conseguente responsabilità) in capo al datore di lavoro di assicurare la sicurezza e il buon funzionamento delle strumentazioni fornite ai lavoratori per l'adempimento della prestazione.

Nel caso del lavoro agile, gli aspetti ergonomici richiedono una maggiore attenzione, in quanto si tende ad utilizzare strumenti comunemente usati a scopo domestico, come la sedia della cucina o del salotto (o addirittura il letto), che dovrebbero invece rimanere, al massimo, una soluzione temporanea, in vista dell'adozione di strumenti alternativi, pensati per poter accogliere il corpo per 8 ore, senza creare carichi posturali dan-

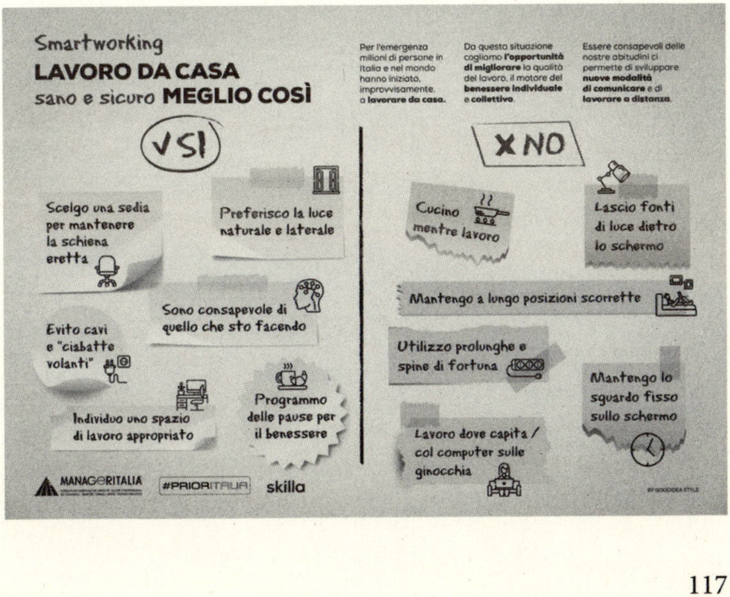

nosi. Esiste ormai una ampia offerta di sedie ergonomiche, che permettono di scaricare il peso sulle gambe e che obbligano a tenere la schiena dritta.

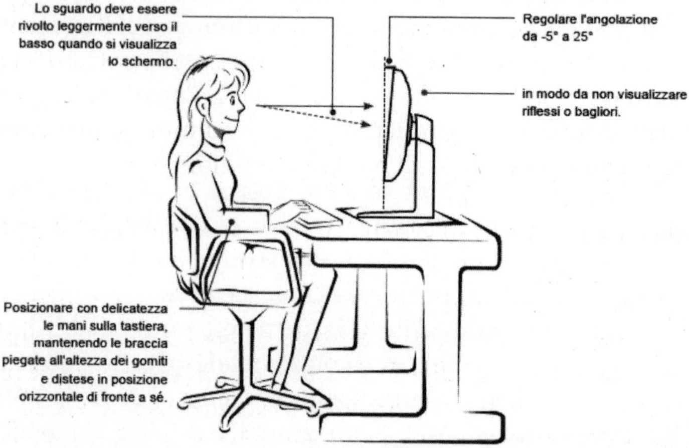

Cambiare spesso la posizione (anche alzandosi in piedi) e rivolgere gli occhi verso la luce ambientale potrebbero essere due punti di attenzione molto significativi per la salvaguardia della propria salute quando si lavora in modalità agile, insieme all'utilizzo di una superficie di appoggio (tavolo o scrivania) che abbia la giusta altezza rispetto alla seduta (come da immagine qui sopra). Inoltre, una accortezza utile per aiutare i propri occhi è quella di ridurre le emissioni blu nel monitor, ad esempio utilizzando la modalità notturna di Windows o del «True tone» sul Mac.

4.1 *La cassetta degli attrezzi dello smartworker*

Alcuni oggetti sono sicuramente indispensabili, mentre altri sono optional consigliati. In ogni caso, qualunque accessorio si usi o applicazione si scarichi, è sempre fondamentale curarsi della sicurezza informatica

HUB USB

Si tratta di un piccolo accessorio da collegare alla porta USB o Type-C del computer, per ampliarne i collegamenti aggiungendo ulteriori porte, lettori di schede e addirittura un collegamento HDMI o Ethernet a seconda del modello. Costano poche decine di euro ma si riveleranno molto utili, specialmente se le porte a disposizione del vostro laptop non sono moltissime, come accade con gli ultrabook di nuova generazione.

Chiavette USB/SSD portatile

Rappresentano il modo migliore per portarsi a casa documenti e quant'altro dall'ufficio. Se deciderete di fare l'acquisto vi consigliamo assolutamente un SSD anziché un HDD classic perché più veloce, più resistente, più compatto e più pratico. Da non sottovalutare le chiavette USB, che ormai hanno capacità enormi e offrono il vantaggio di essere piccole e leggere, ma comunque robuste.

In caso di dati sensibili si suggeriscono anche SSD portatili con integrato un lettore di impronte digitali, da poco sul mercato, ma che offrono alti livelli di sicurezza, e di usare software per l'accesso ai dati su SSD o HD esterni. Il vostro datore di lavoro probabilmente ne sarebbe contento.

Cuffie o cuffiette

Lavorare da casa è sicuramente affascinante, ma è altresì probabile che quella pace silenziosa dell'ufficio, che vi permette di lavorare concentrati e focalizzati sulla vostra *to do list*, sia più difficile da ricreare.

Un paio di cuffie o di cuffiette auricolari vi serviranno, per chiamate o videochiamate, per ascoltare musica rilassante o semplicemente per isolarvi dal mondo esterno. In casa, infatti, è facile che il caos regni sovrano e riuscire a concentrarsi non è affatto scontato.

È stato molto bello, durante i giorni dell'emergenza, vedere nelle videoconferenze il gioco degli sfondi, la qualità delle stanze da cui ci si collegava, le librerie create spesso ad hoc. Diego Bianchi (in arte Zoro) ha avuto la geniale idea di proporre sfondi portatili per videoconferenze con tipologie di libri diversi a seconda del tema in discussione.

Tutta questa creatività si è liberata perché non tutti gli smartworker hanno un proprio studio all'interno delle proprie abitazioni per dedicarsi al lavoro. Se si vive in un monolocale o in una casa piccola, con i figli, bisogna organizzarsi.

Anche per questo sono nate le convenzioni aziendali con veri e propri hub per gli smartworker. A Milano, ad esempio, esiste una rete di caffè con questo scopo e ci sono veri e propri spazi nella città policentrica che offrono una buona connessione, cibi e bevande e spazi per piccoli incontri formativi o riunioni.

4.2 *Cosa resterà dopo il Covid*

Ma di questa esperienza totalmente emergenziale non sono ora da ricercare cavillosamente le inevitabili aporie, che troveranno presumibilmente composizione in soluzioni più ampiamente negoziate sia a livello individuale che collettivo nei giorni e nelle settimane a venire, ma è utile raccoglierne gli stimoli ampiamente positivi.

Ed, infatti, allorquando – auspicabilmente a breve – questa crisi sarà terminata e lavoro agile e telelavoro potranno tornare nell'alveo della normalità, l'enorme esperienza sul campo di queste settimane potrà contribuire ad un potente rilancio (già solo sul piano quantitativo rispetto ad una esperienza pratica fino ad oggi limitata e confinata per lo più nell'ambito delle grandi imprese, con sviluppo relativo presso le c.d. PMI) di queste modalità di organizzazione del lavoro.

I numeri, peraltro, segnalavano già un trend di crescita del lavoro agile del 20 per cento nel 2019 sul 2018, anche rispetto ad altri paesi comparabili, e l'emergenza ha poi impresso una straordinaria accelerazione. Il Report Istat «Situazione e prospettive delle imprese nell'emergenza sanitaria Covid-19» (rilasciato il 15 giugno 2020) rileva, infatti, con riguardo al lavoro agile, dati di grande interesse, concludendo che «grazie all'implementazione di soluzioni informatiche e organizzative una fetta di imprese italiane è riuscita nel giro di poche settimane a estendere forme lavorative in precedenza limitate a una piccola minoranza a quote considerevoli di personale». Secondo l'analisi dell'Istituto, infatti, nei mesi di gennaio e febbraio 2020, ad esclusione delle imprese i cui lavori non possono essere svolti fuori dai locali aziendali, «solo l'1,2 per cento del personale era impiegato in lavoro a distanza», ma con l'esplosione della pandemia, tra marzo e aprile, la quota arriva all'8,8 per cento: «l'incidenza di personale impiegato in modalità agile arriva al 21,6 per cento nelle imprese di medie dimensioni dal 2,2 per cento di gennaio/febbraio, mentre nelle grandi dal 4,9 per cento dei primi due mesi dell'anno accelera fino al 31,4 per cento». In maggio e giugno, terminato il lockdown – ed è questo uno degli aspetti più significativi –, la percentuale del personale dell'impresa in lavoro a distanza o smart working resta elevata: il 5,3 per cento per il totale delle imprese, il 16,2 per cento per quelle di media dimensione e addirittura il 25,1 per cento in quelle di grande dimensione.

Relativamente ai settori, l'incremento nel ricorso a tali modalità di lavoro è particolarmente sensibile fra il primo e il secondo bimestre dell'anno nei servizi di informazione e comunicazione (dal 5,0 per cento al 48,8 per cento), nelle attività professionali, scientifiche e tecniche (dal 4,1 per cento al 36,7 per cento), nell'istruzione (dal 3,1 per cento al 33,0 per cento) e nella fornitura di energia elettrica, gas, vapore e aria condizionata (dal 3,3 per cento al 29,6 per cento).

Ecco allora che questi strumenti, ed in particolare il lavoro agile, potranno pienamente ed ancora più efficacemente tornare ad essere significative misure di incremento della competitività delle aziende e al contempo agevolare la conciliazione dei tempi di vita e di lavoro, sfruttando l'enorme ed eccezionale sperimentazione che si sarà potuta realizzare in queste settimane; ciò, tra l'altro, auspicabilmente contribuirà ad accelerare la messa in campo di processi organizzativi del lavoro – laddove possibile – più confidenti delle potenzialità tecnologiche già ampiamente disponibili. Inoltre, c'è da ritenere che potranno essere state se non superate quantomeno indebolite quelle barriere «culturali» che hanno associato il lavoro da remoto ad un potenziale deficit di controllo e con esso ad una complessiva minor efficienza operativa.

In questa prospettiva nuovamente fisiologica, un ruolo davvero centrale torneranno ad averlo gli accordi (sia individuali che collettivi) che potranno disciplinarne concretamente la fattispecie. Una volta usciti, come detto, da questa fase emergenziale, agli stessi dovranno essere demandate, infatti, le modalità di svolgimento della prestazione al di fuori dei locali aziendali (anche nella prospettiva di tutela della salute e sicurezza sopra evidenziate), la disciplina dei tempi di riposo e di disconnessione, le modalità di effettuazione dei controlli sull'attività lavorativa nel rispetto delle prescrizioni di cui all'art. 4, l. n. 300/1970, l'individuazione di specifiche condotte connesse alla esecuzione della prestazione lavorativa all'esterno dei locali aziendali che diano luogo all'applicazione di sanzioni disciplinari (art. 21, l. n. 81/2017); si pensi, ad esempio, a tutti quei comportamenti che possono mettere a repentaglio la riservatezza di dati aziendali o l'individuazione di forme evolute di diritto all'apprendimento permanente (art. 20, co. 2).

E in questo potranno trovare piena esplicazione tutti quei benefici, non meno importanti, correlati allo svolgimento delle prestazioni di lavoro da remoto: per il singolo individuo il riconoscimento premiale di una maggior autonomia nella modalità di organizzazione del lavoro, la riduzione degli stress e dei costi di mobilità a vantaggio di un maggior tempo dedicato alla persona; per le aziende un potenziale notevole risparmio sui costi di gestione delle strutture aziendali; per la collettività un minor impatto della mobilità sull'inquinamento urbano e territoriale; per l'intero Paese un decisivo passo in avanti verso la digitalizzazione e la modernizzazione del modo di fare impresa. E mentre l'Italietta che si nutre di immobilismo incardinato su vecchi quanto inutili status stava studiando come rimettere tutto nella condizione pre-pandemia, per molti altri il lockdown è stata una limitazione della libertà dei propri spazi: pensiamo alla mobilità,

alla dilatazione dei tempi, che in qualche caso ci hanno consentito quella libertà interiore per fare bilanci, ragionare quanto valga veramente la pena agitarsi per tutto ciò che fa parte del nostro quotidiano. La libertà interiore è una conquista difficile, molto di più della libertà «esteriore», quella di fare e di dire ciò che vogliamo. Quella interiore spaventa, perché ci mette a nudo, ci fa fare bilanci autentici, ci riassegna la responsabilità di ciò che siamo stati e saremo.

4.3 *Decalogo*[1]

La crisi sanitaria del 2020 sta esponendo le aziende a un nuovo grado di cyber-risk e determinando per le persone una rivoluzione nel modo di lavorare e vivere. Saremo sempre più protagonisti di modalità di lavoro sempre più flessibili, che andranno ad affiancarsi a quelle tradizionali. Tutto questo implica necessariamente un'attenzione molto più alta nella protezione dei dati aziendali perché il perimetro da cui è possibile utilizzarli diventa «liquido». Ecco quindi dieci semplici regole per mettere in sicurezza il patrimonio rappresentato dai dati, sempre più esposto ad attacchi esterni. Il decalogo è stato messo a punto da Yarix, divisione sicurezza digitale di Var group, società di It guidata da Francesca Moriani, che fa parte di First, la rete globale sulla protezione che riunisce player come Nasa, Apple e Google, che ha l'obiettivo di contrastare le minacce emergenti.

1. **Pc e cellulari al sicuro**

La prima linea di difesa che le aziende devono mettere in campo riguarda la protezione dei propri asset: è necessario sviluppare consapevolezza sui comportamenti da adottare nella custodia dei dispositivi (mai lasciarli in auto, sul sedile in treno mentre si va in bagno, nella cassaforte degli hotel e così via), e fornire meccanismi che consentano di inibire la possibilità di accesso ai dati a chi dovesse entrarne in possesso.

1. https://www.yarix.com/news/smart-working-dieci-consigli-per-la-cyber-sicurezza.

2. **Containerizzare i propri dispositivi**

BYOD («Bring Your Own Device») è un'espressione usata per riferirsi alle politiche aziendali che permettono di portare i propri dispositivi personali nel posto di lavoro, e usarli per avere gli accessi privilegiati alle informazioni aziendali e alle loro applicazioni. Il termine cominciò a diffondersi dal 2009, quando la società Intel iniziò a notare che i propri dipendenti erano sempre più propensi a utilizzare i propri dispositivi personali per svolgere mansioni lavorative, prevedendo presto la inevitabile crescita di questo fenomeno. Il BYOD consente oggi la *containerizzazione*, vale a dire la possibilità di creare due ambienti diversi sullo stesso dispositivo, con dati aziendali e dati personali (chiamate, SMS, localizzazione GPS, ecc.) rigorosamente separati, fino ad avere una virtual machine a livello del sistema operativo controllata dall'IT aziendale, o nel firmware del processore (a livello hardware, al di sotto del sistema operativo), o ricorrere a soluzioni di hosted virtual desktop (HVD) o virtual mobile OS, con cui l'utente si collega alla Intranet aziendale ad applicazioni e dati che fisicamente risiedono su un server remoto.

3. **Uso accorto delle password**

È indispensabile un'adeguata consapevolezza dei dipendenti riguardo alle politiche più opportune sull'uso (e riuso) della password, unita a presidi tecnici messi a punto dall'azienda per imporre un secondo (o un terzo, se necessario) fattore di autenticazione.

4. **Dispositivi e sistemi di protezione**

Soprattutto per le attività critiche di business, è preferibile che i dispositivi utilizzati (pc, smartphone, tablet) siano di proprietà aziendale: è (relativamente) semplice garantire che siano protetti con adeguati strumenti (antivirus e altro). Quando sono di proprietà dei dipendenti, tuttavia, vanno predisposte adeguate misure per limitare il rischio.

5. Attenzione all'uso delle e-mail

Lavorando da remoto, permangono certamente le vulnerabilità legate a un uso non consapevole delle e-mail. È quindi imprescindibile mantenere le stesse attenzioni verso i potenziali rischi di truffa digitale, come i tentativi di phishing, spear phising e scam. Si stima che lo smartworker sia più vulnerabile ad attacchi di questo tipo a causa di una sua ipotetica attenzione ridotta al riguardo.

6. Reti pubbliche

L'uso delle reti wi-fi pubbliche può essere un veicolo che consente più facilmente di condurre attacchi ai dispositivi. Diventa quindi necessario, oltre ad avere piena consapevolezza su quali siano le reti fidate e su come riconoscere eventuali tentativi di camuffamento, anche introdurre politiche che identifichino chiaramente le attività critiche di business alle quali non si deve (e non dev'essere possibile) accedere da parte di chi lavora da remoto ed è connesso a reti pubbliche.

7. Computer sconosciuti

È necessaria una formazione diffusa sui rischi che si corrono utilizzando computer non propri. Nel caso sia indispensabile l'uso di pc pubblici o comunque di terzi, bisogna prendere alcune precauzioni: non vanno utilizzati per scambiare informazioni sensibili; occorre usare sempre il *private browsing*; non vanno salvate informazioni di login; va cancellata la cronologia della navigazione e dei download prima di chiudere il browser.

8. Sicurezza per proteggersi dagli «spioni»

Non tutti i rischi sono di natura esclusivamente tecnica. Chi lavora da remoto e magari si trova in spazi pubblici deve prestare attenzione a chi può osservare ciò che sta facendo. Così nelle password di accesso vanno usate le stesse precauzioni che si usano quando al bancomat si digita il pin. Attenti dunque al rischio «spioni» che magari possono anche scattare foto quando vengono visualizzate informazioni sensibili.

9. **Usb esterne**

I dispositivi Usb esterni sono un eccellente metodo per veicolare *malware* (virus). Non va dunque consentito a terzi di collegarli al proprio pc. Nel caso si renda necessario l'uso di una chiavetta per condividere materiale, meglio fare un passaggio con il servizio IT aziendale.

10. **Monitoraggio 24/7**

Meglio estendere a chi lavora da remoto il perimetro di monitoraggio continuo (24 ore su 7 giorni) che prevede la raccolta di informazioni cruciali e di avvisi sugli andamenti della rete e dei sistemi IT.

Da ultimo, attenzione ai «cuccioli». Come azienda hai messo in atto, con i protocolli più moderni, tutte le procedure per garantire e mettere in sicurezza l'accesso dei dipendenti remoti ai tuoi dati? Bene, ora pensa ai... cuccioli (bambini certo, ma non solo) che possono zampettare sulla tastiera mentre chi lavora da casa ha lasciato per un attimo il pc senza bloccare la sessione. Una ragione in più per applicare tutte le regole illustrate. E chiedere la massima collaborazione a chi è in smart working. Il lavoro va fatto sempre in team, anche se i partecipanti sono lontani.

4.4 *E le relazioni sociali?*

Per secoli il lavoro è stato confuso con il luogo (molto usate, ad esempio, le espressioni «vado al lavoro», oppure «qui c'è il lavoro di papà»). Fino a non molto tempo fa casa e lavoro erano identificati anche fisicamente; si pensi alle botteghe artigiane, agli studi medici o di professionisti.

Albano, Parisi e Tirabene[2] ci ricordano come già più di due decadi fa alcuni autori intuirono il ruolo chiave delle tecnologie dell'informazione e delle comunicazioni (ICT) nel rendere il lavoro sempre più «qualcosa da fare» piuttosto che «un luogo in cui andare», grazie al superamento del vincolo fisico fra organizzazione e lavoratori mediante nuovi strumenti innovativi per le comunicazioni e il coordinamento del lavoro stesso (ci si riferisce, ad esempio, ai *device mobili, al cloud computing*...).

È noto, però, che il lavoro non è solamente una somma di attività da portare avanti e obiettivi da raggiungere, bensì anche una dimensione di costruzione di relazioni sociali e umane. Esiste quindi un rischio di isolamento e solitudine con l'applicazione del lavoro da remoto?

Sebbene il luogo di lavoro non sia necessariamente un ambito considerato positivo per la propria vita sociale, perché, di fatto, i colleghi non si scelgono e quindi spesso è inevitabile respirare un clima di grande competizione, l'uomo ha una necessità innata di costruire relazioni non meramente professionali, e ciò avviene, inevitabilmente, anche con i propri colleghi.

Non amo molto le indagini sul clima. E le aziende che credono di risolvere le cose con le classiche survey prendono scorciatoie poco utili. Un clima positivo spinge la produttività del singolo e del gruppo di lavoro. Se le persone perdono il senso del lavoro come un'occasione di crescita (non per forza di carriera), difficilmente le cose andranno bene.

Gli aziendalisti parlano di *engagement,* di disponibilità a collaborare come se fosse l'atteggiamento di un singolo e non la costruzione di sfide reciproche, cooperative in cui affrontare con più forza i momenti più duri e la costruzione di nuovi traguardi.

La crescente diffusione dello smart working ci pone, quindi, di fronte alla necessità di comprendere in che modo questo nuovo modello di lavoro influenza le dinamiche relazionali tra le persone.

2. R. Albano, T. Parisi, L. Torabene, *Gli smart workers tra solitudine e collaborazione*, Firenze University Press, 2019.

Tommasina Pianese[3], a questo proposito, illustra con chiarezza i risultati dello studio di Beth Schinoff (2017) condotto su un'azienda statunitense operante nel campo dell'informatica: gli smartworker partecipanti alla ricerca riconoscono il valore intrinseco dei rapporti di amicizia, e ritengono che la virtualità abbia modificato il processo attraverso il quale un rapporto lavorativo con i colleghi si trasforma in una relazione di natura personale. Ciò è dovuto, a loro avviso, alle specificità di questo contesto di lavoro in cui vi sono limitate occasioni per la condivisione informale di esperienze di vita personale, fondamentali per garantire una convergenza di valori e di interessi tra le persone. E all'utilizzo di mezzi di comunicazione, come e-mail e messaggistica istantanea che non consentono di cogliere il linguaggio del corpo e segnali non verbali, invece evidenti in un'interazione dal vivo.

La ricerca individua alcune soluzioni per superare queste criticità, sottolineando la necessità del coinvolgimento e della partecipazione sia dei livelli manageriali che dei lavoratori.

In particolare, ai manager viene chiesto di creare le condizioni attraverso cui gli smartworker siano spinti ad approfondire la conoscenza tra loro: ad esempio, l'organizzazione periodica di meeting virtuali, con apposito spazio di discussione libera prima e dopo l'incontro, stimolando i partecipanti alla condivisione di informazioni ed esperienze personali; oppure mediante specifiche attività di formazione affinché gli smartworker sviluppino le *relational digital skills*, indispensabili per trasformare una conoscenza superficiale in un rapporto di natura personale in contesti virtuali.

A loro volta, gli smartworker dovrebbero impegnarsi al di là delle interazioni formali, associate esclusivamente allo svolgimento di attività interdipendenti, e curare anche le comunicazioni personali, attraverso, ad esempio, la condivisione di momenti della propria vita personale.

3. https://www.spremutedigitali.com/smart-working-e-relationship-management/

In questo senso, è importante, da un lato, inviare comunicazioni personali (ad esempio, come stai?) dimostrando un sincero interesse alla vita dei colleghi e, dall'altro, rivelare informazioni private (ad esempio, scuola del figlio) evidenziando il desiderio di intraprendere una relazione più intima.

Al pari del lavoro tradizionale, anche in contesti di smart working, viene molto apprezzata una persona che dimostra di voler investire nella costruzione di una relazione.

La ricerca di Schinoff (2017)[4] conferma, infine, l'importanza degli incontri dal vivo, organizzati anche autonomamente dagli stessi smartworker. Questi riconoscono, tuttavia, che non conta tanto la frequenza, quanto l'intensità e la capacità empatica, affinché si possa sviluppare una relazione intima e personale con i colleghi in remoto.

In definitiva, questo contributo mette in evidenza i cambiamenti nelle dinamiche relazionali innescati dalla virtualità e dunque dall'adozione dello smart working. Sottolinea, inoltre, la necessità di non sottovalutare questa questione, dal momento che le relazioni interpersonali rivestono un ruolo strategico con ripercussioni positive a livello individuale, di gruppo e di organizzazione.

4.5 *La relazionalità scelta negli SmartHub: contro la solitudine da lavoro agile?*

Coordinamento, lavoro di gruppo e nuova comunicazione organizzativa

Quando si pensa alla parola «collega», quasi mai ci si ricorda che è la terza persona del verbo «collegare» coniugato all'indicativo presente. Come si è detto, fare smart working non significa semplicemente eseguire certe attività da remoto, ma lavorare per obiettivi. Fondamentale, quindi, l'aspetto di coordinamento del

4. B. Schinoff (2017), *Can We Be Coworkers and Friends? An Inductive Study of the Experience and Management of Virtual Coworker Friendships*, Ph.D. thesis, Arizona State University, disponibile.

team da remoto, per il quale la comunicazione gioca un ruolo di primaria importanza[5]. Coordinamento e lavoro di gruppo nello smart working sono ancora più importanti. Ognuno deve essere al contempo nodo connettore di una rete anche appartenendo a più network e il valore professionale non risiederà solo nelle competenze ma nella capacità di generare e mantenere relazioni.

Secondo i dati forniti dall'Osservatorio sullo Smart Working del Politecnico di Milano (dati 2018) tra i fattori critici evidenziati dai manager c'è la condivisione di informazioni all'interno del team di smartworker (11 per cento). In generale, fra le criticità complessive la più frequente è la percezione di un senso di isolamento circa le dinamiche dell'ufficio (18 per cento), seguita dal maggiore sforzo di programmazione delle attività e di gestione delle urgenze (16 per cento). Altre difficoltà sono legate alle distrazioni esterne, come la presenza di altre persone nel luogo in cui si lavora (14 per cento), alla necessità di frequenti interazioni di persona (13 per cento) e alla limitata efficacia della comunicazione e della collaborazione virtuale (11 per cento).

Per favorire il coordinamento delle attività e garantire un corretto flusso informativo, un supporto potrebbe derivare da strumenti di coordinamento quali applicazioni di project management o piattaforme di comunicazione interna più evolute, oltre a un incremento delle riunioni interne per condividere e comprendere al meglio le problematiche, ma soprattutto in modo da avere accesso alle informazioni e favorire il coordinamento delle attività. Per chi lavora a distanza qualche riunione in più da remoto è utile per chiarirsi e comprendere meglio le problematiche, tenendo alto il livello di collaborazione e di appartenenza del gruppo. Come si è detto, lavorare da casa significa anche lavorare per molto tempo da soli, con conseguenti possibili risvolti psicologici per le persone, e un effetto sul senso di appartenenza all'organizzazione e un rischio di disingaggio dei lavoratori. Ecco perché vengono sviluppate, sempre di più, «piazze virtuali» per mantenere quelle situazioni «da macchi-

5. S. Zanella, *Il futuro del lavoro è femmina. Come lavoreremo domani*, Bompiani 2020.

netta del caffè» che favoriscono il confronto, la conoscenza e la risoluzione dei problemi. Per praticare davvero lo smart working e – come dice Giampiero Falasca[6] – «uscire dalla caverna del lavoro casalingo», occorre superare il concetto di lavoro da remoto e interpretarlo come un percorso di trasformazione dell'organizzazione e della modalità di vivere il lavoro da parte delle persone. Per la sua piena ed efficace adozione, alla luce dei rischi sopra evidenziati, è quindi assolutamente imprescindibile impostare, da parte dell'azienda, una progettualità completa, con l'obiettivo di trasformare i lavoratori da «dipendenti» a «professionisti responsabili», andando ad agire sulla loro flessibilità, responsabilizzazione e autonomia.

6. https://www.open.online/2020/06/20/usciamo-caverna-lavoro-casalingo-vero-smart-working/

5.

Un po' di chiarezza

5.1. *Telelavoro e smart working sono la stessa cosa?*

Il telelavoro consiste tradizionalmente nello svolgere a casa lo stesso lavoro che si svolge in azienda: quindi la principale differenza risiede sicuramente nel luogo di lavoro.

Mentre nel caso dello smart working il luogo di lavoro è determinato dalla prossimità con il proprio dispositivo tecnologico, indipendentemente da dove ci si trovi fisicamente.

Nel suo ultimo libro[1] Filippo Zizzadoro illustra chiaramente le differenze fra telelavoro e smart working, spiegando le principali caratteristiche dell'uno e dell'altro: se, da un lato, il telelavoro è stato attuato generalmente con un orario fisso e non autodeterminato e prevede obblighi, da parte del datore di lavoro, di eseguire ispezioni per assicurare la regolarità nello svolgimento del lavoro, l'adeguato isolamento dell'attività lavorativa da quella personale e la sicurezza del lavoratore, dall'altro lo smart working offre la possibilità di autorganizzare il proprio orario di lavoro, senza vincoli di luogo, spostando l'obbligo sul risultato. Il salto fra le due modalità di lavoro è quindi in un certo senso mentale e culturale: non è più cruciale controllare il tempo del lavoratore, ma il raggiungimento dei suoi obiettivi. E in questo modo a beneficiarne sono sia l'azienda, che fa fronte a una riduzione di costi di struttura, sia il lavoratore, che ha la possibilità di migliorare la sua qualità di vita, sia la società civile, grazie, fra le

1. F. Zizzadoro, *Futuro: istruzioni per l'uso. Il fattore umano nel mondo digitale*, FrancoAngeli, Milano 2019, Cap. 7.

altre cose, alla riduzione del traffico in città e, quindi, dell'emissione di **CO2**[2].

5.2. *I lavori remotizzabili*

Grazie all'innovazione tecnologica e, nello specifico, alla grande trasformazione digitale, i lavori «remotizzabili» crescono e includono porzioni del lavoro fino a pochi anni fa impensabili.

L'analisi e la mappatura del lavoro in un'azienda o in un'organizzazione va fatta tenendo conto di quella necessaria visione di prospettiva. Come dicevo, il lavoro impiegatizio non è il solo ad essere remotizzabile ma occorre ripensare il lavoro per farlo diventare veramente smart. Non basta applicare nuove norme e regolamentazioni, bensì occorre, come si diceva, un salto culturale, cognitivo, accompagnato da una completa rivisitazione dell'impresa e dell'organizzazione del lavoro.

Se da un lato ci è chiaro che per un impiegato è piuttosto semplice riuscire a lavorare praticamente ovunque, grazie a un computer e una connessione Internet, dall'altro lato sappiamo che il lavoro dei blue collar è quasi sempre strettamente dipendente da macchine, linee di produzione, stabilimenti, che si trovano in realtà fisiche molto concrete e difficilmente rilocabili.

Durante il lockdown italiano, inoltre, abbiamo assistito alla chiusura della maggior parte delle nostre fabbriche (fatta esclusione di quelle definite «di interessc nazionale», perché impegnate nella filiera medicale o alimentare, che hanno avuto il permesso di continuare a produrre), con conseguente calo drammatico della nostra produzione industriale (secondo Istat, in marzo, primo mese di lockdown, l'indice destagionalizzato è diminuito in termini tendenziali del 29,3 per cento).

Ci chiediamo quindi: è possibile portare logiche smart in produzione? Si può parlare di industrial smart working?

2. *Ivi*, cap. 1.1.

Cos'è la smart production?

La smart production è di fatto un processo di cambiamento organizzativo che mette al centro la persona cercando di coniugare in maniera diversa le varie esigenze tipiche delle *operations* – cioè l'insieme dei processi (approvvigionamenti, produzione, logistica, post-vendita) che contribuiscono a realizzare e consegnare il prodotto e/o il servizio al cliente – con la possibilità di rendere flessibili i tempi e gli spazi di lavoro. Il tutto per raggiungere obiettivi differenti che vanno da una migliore conciliazione delle esigenze vita-lavoro fino alla ridefinizione dei processi di business.

Tecnicamente, la smart production ha l'obiettivo di ottimizzare le varie fasi di progettazione, realizzazione e distribuzione del prodotto. Si basa su tecnologie IT e produttive sempre più avanzate, per portare al massimo la flessibilità dei processi nell'ottica dell'aumento della produttività. Per favorire la connessione tra le risorse, la smart production deve prevedere l'applicazione di tecnologie digitali (come ad esempio il cloud). Queste devono necessariamente essere associate a tecnologie produttive (ad esempio, produzione automatizzata, stampa 3D).

L'Industria 4.0 passa attraverso smart production e smart services. La prima rappresenta l'insieme di tecnologie produttive che creano collaborazione tra le varie parti aziendali – operatore, macchina, strumenti. I secondi sono quegli strumenti informatici che collaborano per integrare sistemi e aziende.

La sfida non è impossibile. La digitalizzazione e l'innovazione tecnologica renderanno possibile lo smart working anche per chi oggi lavora alla catena di montaggio. La manutenzione potrebbe infatti in futuro venire eseguita in remoto, con il supporto, ad esempio, della Realtà Aumentata.

Una rivoluzione nel modo di lavorare

Il ricorso a nuove tecnologie produttive permette di lavorare in modo nuovo in fabbrica. Infatti la loro applicazione prevede netti miglioramenti nella produzione, per esempio in fase di prototipazione o di riparazione. Utilizzando queste tecnologie operative, l'azienda ne beneficia in termini di produzione e di interazione (minori vincoli). Inoltre, vengono create nuove opportunità di business (ad esempio, può aumentare facilmente la varietà produttiva) e richieste nuove competenze da parte del personale.

Si tratta di un processo di cambiamento anche a livello organizzativo. Mira a rendere flessibili i tempi e gli spazi di lavoro di tutti coloro che si occupano delle varie fasi dei processi. Dunque in fase di approvvigionamento, produzione, logistica, post-vendita. Processi atti alla consegna del prodotto o servizio al cliente finale. Il centro deve sempre rimanere la persona, con le sue esigenze.

L'aiuto delle macchine in questo senso è essenziale. Con l'evoluzione informatica che stanno subendo, queste ultime saranno in grado nel giro di poco tempo di prendere parte a funzioni sempre più strategiche ed organizzative. Potranno così essere d'aiuto, in collegamento col calendario degli impegni del personale, nella programmazione dei turni. Oppure potranno svolgere ruoli sempre più chiave per la misurazione della salute fisica del personale.

Aziende in fase di sperimentazione

Alcune grandi aziende come Edison, Tetra Pak, Volvo hanno deciso di partecipare a questa sfida. Al loro interno è infatti in corso, dal 2014, un progetto di sperimentazione volto a definire se ed in che modo sia possibile la sinergia tra persone e macchine, a favore del benessere e della produttività. Un tentativo di prova dell'industrial smart working, dunque.

Un'altra azienda nel pieno della fase di sperimentazione della smart manufacturing è la Omron, colosso giapponese dell'elettronica, che sta verificando l'applicabilità della produzione intelligente.

Cosa deve fare un'azienda per diventare «smart»?

Prendiamo un caso pratico, la Omron, appunto.

Per poter applicare pienamente la smart production, si è reso necessario innanzitutto fondare una buona architettura integrata, che consentisse uno scambio informativo su più livelli. L'azienda ne ha beneficiato in differenti modi. Innanzitutto, con la possibilità di effettuare la manutenzione predittiva, che consente, mediante determinate tecnologie, di individuare quanto tempo manca al guasto. In secondo luogo, può effettuare il controllo verticale, che permette di individuare e modificare i componenti delle fasi del processo che portano ad una bassa efficienza. In terzo luogo, ne beneficia nel controllo dei tempi di attesa e di conseguenza dell'immagazzinamento delle scorte.

Stabilita una potente architettura integrata, per raggiungere l'ottimizzazione dei processi produttivi, l'azienda procede alla fase di ricerca, raccogliendo dati. La raccolta dei dati può avvenire tramite monitoraggio accurato delle fasi produttive, con ausilio di macchinari sensorizzati e connessi tra loro, oltre che dotati di capacità di storage.

Infine, deve esserci la possibilità in qualunque momento di «entrare» all'interno dei sensori stessi, per cambiarne i parametri di lavoro. Questo per funzionalità diagnostiche, di cablaggio, del monitoraggio da remoto e di configurazione dei sensori.

L'azienda usufruisce inoltre dei vantaggi della smart production mediante tre elementi di sistema. Si tratta di lettori di Qr code, per la tracciabilità dei prodotti, dell'Intelligenza Artificiale, per eliminare i cosiddetti fermi macchina, senza dimenticare le ultime evoluzioni della robotica avanzata.

5.3 *E il lavoro non remotizzabile? Il Physical Smart Working*

L'evoluzione delle tecnologie digitali aumenta la quota di lavori che si possono eseguire da remoto. Non solo lavori di ufficio, impiegatizi e di concetto. Pensiamo a GM Powertrain di Torino, dove si eseguono sperimentazione di test, collaudi di motori, che fino a solo 10 anni fa nessuno avrebbe immaginato.

E già la telemetria e oggi sistemi più avanzati consentono di ampliare molto il perimetro dei lavori remotizzabili.

Industria 4.0 rappresenta sicuramente una possibilità di rilancio per le fabbriche e offre quegli strumenti che possono rendere non utopica l'adozione dell'industrial smart working, grazie all'impiego di Internet of Things, realtà aumentata, big data e Analytics e manifattura additiva. Fra le strutture che sono in grado di fornire alle aziende know-how e supporto specialistico sulle nuove tecnologie, sull'Industria 4.0 e sulla digital transformation, un ruolo importante lo ricoprono i Competence Center di importanti università italiane, nati nei mesi scorsi. Fra i più attivi troviamo Made, del Politecnico di Milano, che in questo periodo ha messo la sua competenza sui processi industriali al servizio delle imprese che devono ripartire dopo l'emergenza sanitaria, offrendo un'ampia gamma di servizi di formazione, consulenza e assistenza, oltre a uno sportello post-Covid a supporto delle imprese e organizzando anche cicli di webinar specifici per la ripartenza, inaugurati proprio con un approfondimento sul tema dell'industrial smart working: tutte iniziative che il prof. Marco Taisch, presidente di Made, definisce molto importanti perché «aiutano a rompere quel distacco e quella diffidenza tuttora presenti verso i temi di Industria 4.0 e quindi aprono la strada all'industrial smart working».

Sappiamo anche che una quota di lavoratori avrà sempre necessità di recarsi al lavoro perché la manualità è un elemento difficilmente remotizzabile nel breve periodo. Pensate ai chirurghi che utilizzano un robot «da Vinci» che, soprattutto con il quasi azzeramento della «latenza» offerto dalle reti 5G, potrà essere eseguito a distanza. Ma nel lavoro industriale oggi è importante la prossimità, il lavoro di gruppo.

Potrebbe quindi essere una buona occasione per capire che bisogna valorizzare professionalmente ed economicamente il lavoro manuale ad alto ingaggio cognitivo. Lo svantaggio di non essere eseguibile da remoto andrà remunerato, valorizzato professionalmente e integrato in modo virtuoso con il resto dell'impresa «remotizzata». A tal proposito è interessante citare il lavoro portato avanti dal team del prof. Antonio Bicchi dall'Istituto Italiano di

Tecnologia (SoftBots Lab - Soft Robotics for Human Cooperation and Rehabiliation). L'idea principale è quella di sviluppare degli Avatar robotici in grado di abilitare il Physical Smart Working, ovvero la possibilità di avere dei robot (con strutture antropomorfe) che possano essere pilotati in remoto dagli stessi operatori che normalmente svolgono la specifica attività lavorativa e che siano quindi in grado di intervenire fisicamente sui contesti lavorativi individuati, un tema di sviluppo che il gruppo di ricerca porta avanti da diversi anni ed ora di grande attualità.

6.

Gli ecosistemi intelligenti. Gli habitat del nuovo lavoro

6.1 *Rigenerare il tessuto urbano: la città policentrica*

Dobbiamo progettare i nostri edifici come insediamento dell'anti-spazio della rete informatica, come nodi della rete, polivalenti, interscambiabili. […] L'abitare nostro, di questo tempo (…) non è, né mai diventerà, l'utopia del totale sradicamento del tempo da ogni metrica spaziale e della disincarnazione della nostra anima. Queste sono cattive gnosi, figlie di un'ingenua fede o, meglio, superstizione nel "progresso tecnologico". Per il territorio post-metropolitano abbiamo bisogno di quella architecturae scientia (…): superare la monofunzionalità, pensare ad edifici davvero polivalenti.

Massimo Cacciari, *La città*

Alcuni sindaci nei giorni successivi alla fine del lockdown hanno fatto dei singolari appelli contro lo smart working, indicato come causa della riduzione del lavoro, degli affari e degli interscambi delle loro città. La strada da percorrere, che cercherò di descrivere è esattamente il contrario: sono le città a dover evolvere in funzione e a supporto del lavoro agile e non il contrario.

Nell'epoca della rivoluzione digitale la dissolvenza dei ritmi tradizionali implica la necessità di revisionare l'apparato metodologico attraverso il quale ci si approccia all'esperienza urbana. La città non si può più e non solo leggere per stratificazione funzionale, ma deve essere interpretata come un'articolazione di micro-esperienze, un sistema complesso di momenti interconnessi.

Il futuro del lavoro e il futuro delle città corrono insieme. I cambiamenti nelle preferenze individuali e collettive d'uso dello spazio e del tempo richiedono di essere supportati da infrastrutture solide ma flessibili, in grado di intercettare specifici servizi urbani e migliorare l'esperienza dei *city users*, favorendo possibili connessioni e ibridazioni tra le persone. In un contesto di forte ibridizzazione spaziale, il valore intrinseco dei luoghi si manifesta non solo nell'esplicitazione dei servizi offerti e nella qualità ed efficacia della loro gestione di lungo periodo, ma anche nella valorizzazione delle relazioni e delle competenze che in essi abitano, s'incontrano ed evolvono.

La trasformazione digitale e del lavoro apre ad opportunità di riqualificazione e trasformazione di interi spazi della città.

Senza correre alle previsioni degli anni Sessanta di Melvin Webber che aveva previsto un mondo post-città in cui da qualunque angolo del mondo poter lavorare e restare in contatto, la fase di declino dell'ufficio mette ancora più in risalto i legami sociali e la loro qualità.

Mark Granovetter diceva che le società funzionanti si basano sui legami stretti ma anche sulle conoscenze casuali, i legami deboli e le loro sovrapposizioni.

Proprio i secondi, collegando mondi diversi ci consentono di aprirci a idee, esperienze e prospettive nuove, mettendo in dubbio in modo salutare le nostre convinzioni. Ciò di per sé spinge l'innovazione. Pensate ai sindacalisti che frequentano solo sindacalisti, o solo lavoratori che fanno i sindacalisti. L'avere a che fare solo con chi conosciamo soffoca il cambiamento e la nostra generatività.

Non solo il digitale, ma la spinta alla tendenza politica e culturale alla chiusura sta rafforzando i legami forti esistenti, comprimendo quelli deboli.

Nella riprogettazione del lavoro, dei suoi spazi, della città e dei suoi luoghi, bisogna tener conto non della cancellazione ma della riprogettazione degli spazi comuni in azienda e negli SWH SmartWorkHub. La nostra sfida è ripensare gli spazi in modo da poter scendere regolarmente dai nostri vertici isolati. L'ufficio va ripensato proprio a questo scopo, la facilitazione e la coltivazione di legami stretti e deboli. Abbiamo citato molti lavori di progettazione – altri lo chiamano proprio il Design Ecosistemico, inteso come approccio progettuale basato da principi quali l'apertura, la connessione, la contaminazione tra attività diverse, in passato contenute entro perimetri socio-spaziali definiti a priori. Questo progetto è finalizzato in primo luogo alla valorizzazione dei ground floor degli edifici, intesi come laboratori entro i quali costruire il processo di ibridazione tra competenze diverse, luoghi-simbolo in cui intrecciare relazioni ad alta qualità.

Il *piano terra*, nelle città, è tipicamente territorio del commercio, presidio produttivo ma anche di quella «sicurezza diffusa», unica risposta duratura e alla lunga possibile alle dinamiche di impoverimento e abbandono, fisico e culturale delle città, specialmente delle periferie. Il settore, come è noto, è messo in grande crisi dall'esplosione delle piattaforme di *e-commerce*. Una risposta a questa tendenza deve venire sicuramente dalla cura della *user experience* del prodotto, della relazione con il consumatore. Ma la chiave per un ripensamento «epocale» del presidio territoriale del commercio può venire andando verso – e non contro – le opportunità che la nostra epoca apre. La *digital transformation* porta con sé la «liberazione» della funzione da uno spazio fisico specifico. L'ufficio, ad esempio, non è più perimetrato da mura fisiche, ma definito da reti relazionali, che è possibile – e auspicabile – attivare dove queste portano più valore. La nuova grande disponibilità dei piani terra dedicati al commercio (l'*occupancy* media di un bar di una grande città è di circa il 15 per cento giornaliero) può diventare grande occasione per intercettare le necessità del nuovo lavoratore. In questo modo la trasformazione del lavoro intercetta e può diventare infrastruttura della trasformazione urbana: può invertire i flussi congestionati centro-periferia; può diventare volano di nuovo presidio sociale.

Secondo Stefano Boeri, architetto e presidente della Triennale, invece, nella città del futuro saranno i tetti i veri protagonisti, che diventeranno luoghi abitati in cui troveranno spazio oltre ai pannelli fotovoltaici, anche laboratori artigianali e orti. Diventando quei luoghi di incontro e di convivialità rappresentati una volta dai cortili. Secondo Boeri, i tetti sono il futuro, anche perché «grazie ai droni riceveremo lì gran parte delle merci»[1].

Una piattaforma per lo smart working

Il primo passo per attivare la valorizzazione delle aree comuni consiste nella mappatura e nella rappresentazione delle diverse attività che avvengono in questi luoghi ibridi. Ad esempio, MYSPOT, startup piattaforma lanciata da eFM (società impegnata nella trasformazione digitale del mondo del real estate), punta a sostenere il processo di ri-funzionalizzazione degli spazi della città ed il miglioramento delle connessioni tra le persone, mappando spazi e competenze che vi abitano. MYSPOT mette in connessione le persone condividendone le esperienze e le competenze, al fine di migliorare le connessioni umane e professionali ed arricchire la qualità dei *life moment* in cui è scomposta l'attività personale e lavorativa, mappando al tempo stesso la disponibilità dei luoghi e la modalità di gestione degli spazi. Gli spazi comuni delle città – *gli engaging places* – diventeranno così infrastrutture evolute ed abilitanti il processo di implementazione della Smart City.

MYSPOT basa la propria azione sui concetti della sharing economy: connette i professionisti, che cercano spazi, con i luoghi della città, che possono ibridarsi nella loro funzione: coworking, musei, hotel, biblioteche e bar, fino agli spazi interni delle aziende disposte ad accogliere la sfida della valorizzazione degli uffici e della contaminazione delle proprie community. Questi luoghi possono diventare «centri di esperienze» in cui le persone si incontrano per condividere esperienze diverse. In questi spazi carat-

1. In «Il Giorno», intervista a Stefano Boeri, 26 maggio 2020 (https://www.ilgiorno.it/milano/economia/le-nuove-citt per centoC3 per centoA0-smart-il-futuro- per centoC3 per centoA8-sul-tetto-l-archistar-boeri-spazi-esterni-protagonisti-1.5169426).

terizzati da particolari vocazioni, i professionisti possono andare a lavorare e condividere così professioni, esperienze e interessi.

Attraverso questo esempio, possiamo quindi affermare che oggi la tecnologia non si limita più a garantire un buon funzionamento degli immobili, ma consente di orchestrare nuove dinamiche esperienziali e trasformare il patrimonio immobiliare da una destinazione ad una nuova forma di economia.

Rigenerare il tessuto urbano, connettere le aree interne. La città intelligente, policentrica, verde

Nell'attuale processo di globalizzazione policentrica le città stanno diventando snodi di reti sempre più intelligenti, capaci di catalizzare e creare nuove energie per l'innovazione e la crescita. Basta una fotografia satellitare per catturare un'immagine composta di spazi urbani allargati e interconnessi, crocevia e punti di incontro di infrastrutture tangibili e intangibili.

L'innovazione e i cambiamenti nella struttura urbana non sono però elementi sufficienti per rendere *smart* una città. I centri urbani per diventare «intelligenti» devono rappresentare i migliori habitat per i bisogni delle persone. Per questo le città devono tornare a essere un ecosistema intelligente e adattivo che sappia offrire non solo opportunità, ma risposte differenziate, coerenti e organiche, a cittadini e aziende. I fattori abilitanti sono la tecnologia, l'educazione dei cittadini, la governance. Le *smart cities* però, come snodi di reti tangibili e intangibili, hanno anche bisogno di infrastrutture e servizi per la mobilità: l'esigenza è facilitare quei flussi di merci, dati e persone che ogni giorno vengono prodotti, arrivano e partono dai centri urbani. La mobilità dei cittadini e dei *city users* è un problema che le amministrazioni affrontano da tempo, con l'obiettivo di migliorare la gestione degli orari di spostamento fra abitazioni, scuole e luoghi di lavoro. In questo campo le tecnologie possono fornire un valido aiuto: la creazione di *smart work hub* e la rilocalizzazione nei quartieri di nuove funzioni produttive «leggere» permettono, infatti, di ridurre i flussi di mobilità pendolare e rivitalizzare zone esclusivamente residenziali.

Il trasporto delle merci, invece, deve affrontare un aspetto, quello della logistica, su cui l'Italia presenta ancora ritardi rispetto al resto d'Europa. Oggetto di investimento, anche nella logica della creazione di *smart cities*, devono essere i grandi snodi del trasporto globale: porti e aeroporti. Si tratta di strutture che vivono e si trovano all'interno delle aree urbane e che per questo devono sperimentare interazioni intelligenti con il tessuto circostante, ovviando a problemi cronici di traffico e congestione.

La dotazione infrastrutturale e la sua gestione efficiente rimangono un elemento fondamentale per competere sul mercato globale: bisogna evitare di disperdere risorse scarse su troppe opere e agire in un'ottica integrata di sistema. Anche per questo non bisogna dimenticare che le città e le loro reti costituiscono un'architettura sulla quale si sviluppa una pluralità di servizi: assicurare qualità, efficienza e modernità è indispensabile per rispondere alle esigenze dei cittadini e delle imprese. Del resto i servizi che una *smart city* può erogare non riguardano solo le funzioni di base, tradizionalmente gestite dalle municipalizzate, come trasporti e utility. Una «città intelligente» genera, con il crescere del numero di sensori *smart* di cui è dotata, una massa crescente di dati disponibili per le più diverse applicazioni. Per questo è cruciale la corretta gestione di questi dati ed è necessaria un'accurata riflessione su quali risorse rendere disponibili – nella logica *open data* già sperimentata in diverse città del mondo – e quali sottoporre al rispetto della privacy dei cittadini.

Nell'ottica di miglioramento della città del futuro, la rete internazionale «C40 Cities» (che connette più di 80 grandi città del mondo impegnate nella lotta ai cambiamenti climatici, e che rappresenta più di 600 milioni di persone e un quarto dell'economia globale) ha recentemente deciso di istituire la «Global mayors Covid-19 recovery task force», una unità operativa dei sindaci del mondo per la ripresa post Covid-19. Questa task force, presieduta dal sindaco di Milano Beppe Sala, vedrà i principali sindaci del mondo collaborare per raggiungere una ripresa economica che permetta ai cittadini di tornare a lavorare, evitando al contempo che il degrado climatico generi una crisi ancora più grave in grado di arrestare l'economia globale e di minacciare la vita e la capacità di sostentamento delle persone. I sindaci si confronteranno su come usare gli investimenti pubblici nella ripresa, per creare il cosiddetto *new normal* per le economie cittadine, basato sulla lotta all'inquinamento e alla povertà, sul miglioramento della salute pubblica e sull'aumento della resilienza agli shock, e collaboreranno regolarmente alla condivisione di conoscenze e soluzioni riguardanti la pandemia Covid-19.

Il ruolo dello spazio nella città digitale

Dalla qualità delle connessioni alla qualità delle relazioni

Secondo Emiliano Boschetto (di eFM) è giunto il momento di sostituire la domanda «Come saremo fra cent'anni?» con la domanda «Fra cent'anni la città (lo spazio) esisterà ancora?». Un punto chiave nella «città del futuro» sembra essere proprio il costruito, lo spazio fisico. Boschetto ritiene che siamo passati dall'immaginario di città iper-funzionali, rappresentate da un vissuto quotidiano esponenzialmente proiettato in un futuro ottimistico, alle più o meno recenti visioni distopiche dove lo spazio è ridotto a passivo involucro di una vita disincarnata, vissuta altrove (come in Matrix). Stiamo quindi vivendo un tempo di passaggio che sfida concretamente l'idea stessa di spazio e di esperienza «reale». Fino ad oggi eravamo abituati a definire lo spazio come qualcosa di necessario, di imprescindibile per la nostra vita (per lavorare serve un ufficio, per studiare una scuola, per curarsi un ospedale, ecc.) e lo spazio era fondamentale per l'espletamento della funzione. Ora però il digitale ci sta facendo superare questo confine, permettendoci di liberare la nostra creatività e le nostre capacità senza vincoli materiali.

Boschetto suggerisce di pensare a un nuovo concetto di *space sharing*, sulla scia del *car sharing*, certo con tutti i distinguo del caso, secondo il quale la proprietà di un immobile è di gran lunga più coinvolgente di un'automobile, ma cercando di individuare quei servizi digitali necessari per abilitare una piattaforma dello *space as a service*. In questo senso, oltre ad una chiave digitale per aprire gli spazi, per la loro prenotazione e geolocalizzazione, occorrerebbe prevedere la possibilità di filtrare dinamicamente utilities e facilities, di mappare gli abitanti (community/competenze/conoscenze) e soprattutto di disegnare *smart contract* capaci di regolare in tempo reale servizi mutevoli, necessari ad uno spazio liquido, o almeno fluido, così concepito.

6.2 *Cosa c'entra il 5G?*

1. Un ecosistema 5G

Stiamo già vedendo come la quarta fase della rivoluzione industriale abbia effetti significativamente migliorativi in termini di flessibilità, versatilità ed efficienza delle fabbriche, che sono ormai sempre più «smart». In uno dei miei libri[2] ho illustrato in maniera approfondita le tecnologie abilitanti, e come la loro integrazione sia fondamentale in questa evoluzione. Indispensabile, però, per lo sviluppo completo dell'Industria 4.0 sarà il 5G, la tecnologia di comunicazione di quinta generazione che non solo consente velocità di connessione (in upload e download) molto più elevate rispetto all'attuale 4G, ma garantisce prestazioni molto più performanti, con una bassissima latenza (il tempo di risposta del sistema alle richieste dell'utente).

Per questo il 5G non è semplicemente una nuova rete: attorno alle antenne 5G sarà possibile realizzare veri e propri ecosistemi intelligenti integrando imprese, servizi di mobilità, pubblica amministrazione, cittadini, enti territoriali, scuole.

La International Communication Union ne ha presentato le principali caratteristiche tecniche al Mobile World Congress di Barcellona del 2017:

2. M. Bentivogli, *Contrordine Compagni. Manuale di resistenza alla tecnofobia per la riscossa del lavoro e dell'Italia*, Rizzoli, Milano 2019.

- velocità in download: 20 Gb/s;
- velocità in upload: 10 Gb/s;
- velocità minima in download di un dispositivo connesso alla cella: 100 Mb/s;
- velocità minima in upload di un dispositivo connesso alla cella: 50 Mb/s;
- miglioramento della stabilità e dell'affidabilità di rete;
- max connessioni per cella: 1 milione per chilometro quadrato;
- latenza massima: 4 ms.

Il progresso tecnologico dell'Internet delle Cose, delle Intelligenze Artificiali e della robotica non sarà quindi di per sé sufficiente senza l'utilizzo di una infrastruttura e di un'architettura di rete di nuova generazione: sono in corso le sperimentazioni sia nell'ambito dei progetti di *smart cities*, sia a livello industriale.

L'impatto più importante sarà, ovviamente, nel mondo delle telecomunicazioni. Le connessioni miglioreranno a livello globale rendendo più efficienti app, programmi, servizi e soprattutto l'esperienza finale dell'utente, con l'integrazione di esperienze 3D, ologrammi, realtà aumentata e realtà virtuale sui nostri smartphone.

L'uso del 5G, inoltre, permetterà di utilizzare l'Internet delle Cose in praticamente qualsiasi settore, dalle case intelligenti alle industrie di ultima generazione. Grazie alla nuova velocità di connessione analizzare e raccogliere dati dai sensori intelligenti sarà molto più facile. Per avere un'idea dell'impatto della nuova tecnologia, attualmente sono in uso 8,4 miliardi di dispositivi collegati; entro il 2020, la cifra supererà i 20 miliardi. Sotto questo punto di vista, anche la cybersicurezza sarà potenziata: gli antivirus di nuova generazione, sfruttando l'autoapprendimento e i tempi di connessione più rapidi, saranno in grado di reagire immediatamente alle minacce.

Sul piano del ritorno economico, interessanti sono le stime che gli esperti del mercato hanno fornito per il 2034: 12 trilioni di dollari, con una ricaduta sull'occupazione in tutto il mondo che dovrebbe raggiungere 22 milioni di unità. I settori che avranno i maggiori benefici saranno l'agricoltura, l'assistenza sanitaria, la formazione e la scuola, l'industria manifatturiera.

Il 5G nella fabbrica del futuro

In particolare, sarà il settore manifatturiero a beneficiarne in maniera rivoluzionaria, poiché l'interconnessione permette di agire in tempo reale su qualsiasi punto della catena. 5G e Internet delle Cose avranno quindi effetti importanti nell'automazione delle fabbriche e dei processi produttivi, nello sviluppo di interfacce uomo-macchina, nella gestione della logistica e dei magazzini, nel monitoraggio e nella manutenzione, sfruttando i sensori e le analisi dei dati.

Per essere più concreti, immaginate macchine dislocate in stabilimenti produttivi diversi che riescono a lavorare in maniera simultanea su processi concatenati, anche se lontane centinaia, se non migliaia, di chilometri. La bassissima latenza e l'affidabilità del segnale permetteranno ai tecnici di guidare senza rischi i macchinari in remoto, grazie all'ausilio di caschi a realtà aumentata, nonché di monitorare tutto il sistema in base ai parametri di riferimento (emissioni di CO_2, livelli di pressione, umidità, temperatura).

La «fabbrica del futuro» sarà basata sulla flessibilità e sulla versatilità di produzione e logistica, così come sulla sicurezza, sull'ottimizzazione delle risorse e sull'aumento della qualità. I classici sistemi di produzione statici e sequenziali verranno progressivamente sostituiti da sistemi produttivi flessibili e modulari, che necessiteranno di connettività wireless in grado di offrire il massimo in termini di mobilità, versatilità ed ergonomia.

Sembra un futuro astratto, ma le sperimentazioni ci sono, anche in Italia. Un esempio ho avuto modo di vederlo dal vivo: nel porto di Bari, grazie a una collaborazione tra Fastweb, Tim, Huawei e Isotta Fraschini Motori (la società del gruppo Fincantieri che costruisce motori diesel per applicazioni marine e industriali), è stata installata la prima antenna 5G italiana. Non pensate solo a una «semplice» rivoluzione dei processi: qui si tratta anche di sicurezza sul lavoro. La manutenzione di grandi motori marini è un'attività molto pericolosa: grazie alla tecnologia, ma anche a processi di formazione, il personale della Isotta Fraschini è stato riqualificato. In particolare, i manutentori, coloro che usavano mani e utensili su motori roventi, in spazi complicati, stretti e bui, nel corpo delle navi. Bene, oggi grazie alla realtà aumentata, con visori per la realtà virtuale e un ologramma sopra il motore, si possono eseguire le procedure senza rischi e in maniera efficace. E questo è reso possibile dall'affidabilità e dalla velocità offerta dal 5G.

6.3 *Il 5G fa male?*

Prima dell'emergenza del Covid erano 47 i comuni «no 5G», ora sono oltre 200. Se un amministratore locale, che rappresenta un'istituzione, crede che i virus si trasmettano via radio, non siamo alla fantasia al potere, ma all'ignoranza peggiore.

Quotidianamente ci interfacciamo con notizie false sugli effetti dannosi per la salute causati dal 5G, che, in questo periodo, viene anche accusato di essere una delle cause della pandemia di Coronavirus attualmente in corso. Sfortunatamente, di recente, la loro eco ha fatto il balzo dal mondo digitale a quello reale con l'incendio doloso di una stazione radio 5G. Questo evento rappresenta un chiaro segnale circa la necessità di chiarimenti al riguardo.

Il prof. Petar Popovski, della Aalborg University, ha elaborato un elenco di 10 punti per provare a fare chiarezza su questo tema[3], che sintetizziamo qui di seguito:

1. «Preoccuparsi per il 5G è stupido?»

È normale preoccuparsi per le nuove tecnologie che non si conoscono. Anche quando si iniziò a diffondere l'elettricità molte persone ne erano diffidenti. Nel museo della Mercedes si racconta di come le persone fuggissero terrorizzate dalle pri-

3. P. Popovski, *5G technology: Why Not to Worry and What to Do if You are Still Afraid of It*, 2020 (https://medium.com/@petarpopovski_51271/5g-technology-why-not-to-worry-and-what-to-do-if-you-are-still-afraid-of-it-afc60f68b69e).

me automobili, ma non avessero paura di una tecnologia di trasporto più vecchia (i cavalli). La differenza in questo caso è che abbiamo usato tecnologie wireless per decenni e il 5G è una di queste. Il rovescio della medaglia del diritto di preoccuparsi è il diritto, e persino il dovere, di informarsi prima di opporsi attivamente alle nuove tecnologie.

2. «Il 5G è dovunque, sentiamo gli effetti delle radiazioni»

Il 5G non è ancora diffuso. Quante persone conoscete che abbiano un cellulare o tablet 5G? Anche se quel numero non è zero (come è probabile che sia), sarà comunque minuscolo in rapporto ad amici e colleghi che usano il 4G, il wi-fi, 3G e 2G, o perfino le cuffiette Bluetooth. Le onde elettromagnetiche a cui siamo esposti tutti i giorni non sono (quasi) mai onde 5G, ma provengono quasi sempre da altre tecnologie wireless, usate e diffuse da decenni.

3. «Ma ho visto un…»

Contando le persone il cui router wi-fi ha il 5G, è importante fare una distinzione: i router 5G non usano la tecnologia 5G ma trasmettono onde a una frequenza di 5 GHz. L'uso di questa frequenza non è nuovo, ma risale a quasi vent'anni fa.

4. «Il 5G aiuta la diffusione del Covid-19?»

Questa teoria ha le stesse basi scientifiche del terrapiattismo. Tuttavia, provando a rispondere seriamente, si può far notare che il 5G non è ancora diffuso ed è stato installato in poche città, per cui non è possibile che abbia causato il contagio globale. Al massimo, si può dire che le tecnologie che hanno contribuito di più alla diffusione del virus sono le automobili, i treni e gli aerei, ma evidentemente non si può dar loro la colpa. Una cosa invece certa è che se il 5G fosse già diffuso in questi tempi difficili, lavorare da casa e mantenere contatti sociali online sarebbe stato molto più facile.

5. «Quell'antenna 5G ci friggerà il cervello!»

È difficile arrivare a distanze pericolose da un'antenna cellulare: ci sono regole e zone vietate perfino per chi ci lavora. Il motivo è che la potenza irradiata scende molto velocemente allontanandosi dall'antenna, per cui il segnale mandato dal telefono che hai in mano è milioni di volte più potente di quello che riceve dalla stazione base (e, di conseguenza, dell'impatto che la stazione base ha sulla nostra salute).

6. «Sì, ma il 5G usa frequenze nuove!»

È vero che i sistemi «mmWave», come i 30 o 60 GHz, sono nuovi nel contesto delle telecomunicazioni (i sistemi fino al 4G non usavano queste frequenze), ma non sono nuovi in generale. Esiste già uno standard wi-fi, 802.11ad, che usa onde a 60 GHz. Le onde a 30 GHz sono usate anche da alcuni autovelox: gli studi sugli effetti di queste frequenze vanno avanti da anni e non è stato documentato nessun danno alla salute. Tuttavia, è importante sottolineare che le stazioni 5G già installate usano principalmente frequenze sotto i 6 GHz, le stesse già in uso per 2G, 3G, 4G, wi-fi e Bluetooth: i sistemi mmWave non sono ancora diffusi.

7. «Il 5G fa molto più male del 4G»

Se dovessi descrivere l'obiettivo dei progettisti di un sistema wireless in una sola frase, direi che è «trasmettere più dati usando meno energia». I sistemi wireless progrediscono e diventano più efficienti nel mandare e ricevere informazioni, quindi nella stragrande maggioranza dei casi un dispositivo di generazioni precedenti usa più potenza di uno 5G. Gran parte delle lamentele sul 5G sono postate sui social media tramite dispositivi che irradiano più potenza di uno 5G.

8. «Nessuno sta controllando se il 5G sia sicuro!»

Le persone che progettano e analizzano i sistemi di comunicazione non sono quasi mai esperte nell'analisi dei loro impatti sulla salute. Tuttavia, ci sono medici e ricercatori che lo sono, e analizzano costantemente i potenziali effetti sulla salute per stabilire linee guida e leggi sui livelli di radiazione sicuri. La comunità di ricercatori e ingegneri che lavorano sul wireless usa queste linee guida nella progettazione di nuovi sistemi. Le nuove linee guida sulle radiazioni sono state pubblicate a marzo 2020: non c'è nessuna prova che il 5G non le rispetti.

9. «Come spieghi che alcuni governi, come quello del Belgio, stiano vietando il 5G?»

Non abbiamo ancora trovato documenti ufficiali che provano che un governo abbia vietato il 5G.

10. «Hai lavorato al 5G e ora lo difendi»

Sto difendendo le tecnologie di comunicazione, che sono vitali per salvaguardare la società nel severo lockdown dovuto al Covid-19. Se ci fosse una prova che le tecnologie che usiamo irradiano livelli pericolosi di potenza, torneremmo alla lavagna per depotenziare o riprogettare i sistemi in modo da renderli sicuri. Possiamo fare un parallelo con l'industria automobilistica o alimentare, in cui la sicurezza è in costante miglioramento grazie alle nuove scoperte: trovare un problema di sicurezza non ci riporta a usare i cavalli.

Una cosa indiscutibile è che non possiamo sapere con precisione gli effetti a lungo termine di qualunque tecnologia, dagli additivi alimentari ai farmaci, e questo vale anche per le tecnologie wireless. Tuttavia, la ricerca disponibile oggi ci dice che il 5G, il wi-fi e le altre tecnologie di comunicazione non emettono livelli pericolosi di radiazioni, come conferma l'Organizzazione Mondiale della Sanità. Ad oggi, il pericolo più grande (che è anche causa di mortalità) derivante dall'uso dei cellulari è legato al loro uso mentre si guida.

Fonte: https://www.google.com/search?q=Added+Value+of+Flexible+Working,+Regus&rlz=1C1GCEU_itIT819IT819&sxsrf=ALeKk01-VSGJ1XZAPI-sehbWDbg_RaETJlA:1594809778659&source=lnms&tbm=isch&sa=X&ved=2ahUKEwiKjd2yic_qAhULDewKHUX5ClsQ_AUoAnoECA0QBA&biw=1440&bih=757#imgrc=8g580hhsrmo52M

6.4 *Smart working e sostenibilità*

Secondo la ricerca «Added value of flexible working»[4], entro il 2030 lo smart working porterà all'economia mondiale un valore aggiunto quantificabile in 10 trilioni di dollari, considerando che da qui a 10 anni una percentuale variabile tra l'8 e il 13 per cento dei lavoratori su scala globale avrà accesso al lavoro flessibile. Di conseguenza, le imprese ne beneficeranno in termini

4. AA.VV, *Added Value of Flexible Working*, Regus, 2018.

di diminuzione di costi, e i lavoratori in termini di produttività e di equilibrio vita-lavoro.

Le emissioni di CO_2

L'indagine cui sopra afferma che a guidare il resto del mondo verso i vantaggi dello smart working saranno gli Stati Uniti e la Cina, ma che tra i vantaggi derivanti dall'adozione del lavoro agile ce ne saranno diversi anche per l'ambiente. Se le previsioni saranno rispettate, infatti, si calcola che i livelli di anidride carbonica nell'atmosfera diminuirebbero di 214 milioni di tonnellate l'anno entro il 2030, pari in dieci anni alla CO_2 che verrebbe sottratta dall'atmosfera da 5 miliardi e mezzo di alberi. Quanto alle ore di spostamenti casa-lavoro risparmiate, sarebbero ogni anno 3,53 miliardi.

Dividendo il risparmio di emissioni per singoli Paesi, il solo Regno Unito contribuirebbe da solo al «risparmio» di 7,8 milioni di tonnellate di CO_2, mentre negli Usa la minore emissione di CO_2 ammonterebbe a 100 milioni di tonnellate. Numeri che tradotti nel risparmio per singolo pendolare che passa allo smart working potrebbero essere quantificati fino al 2030 in un impatto ambientale di 270 Kg di anidride carbonica che non verranno immessi nell'atmosfera: 18 alberi per ogni lavoratore «agile».

Per ogni giorno di smart working nel triennio, il tragitto casa-lavoro e ritorno evitato lavorando da casa ha restituito a ciascun lavoratore smart mediamente 56 minuti di tempo, pari a quasi 45 ore di tempo-vita in un anno, che è stato reinvestito per il 69 per cento nella famiglia, nel tempo libero e nello sport, per il restante 31 per cento nel lavoro.

I benefici per l'ambiente sono evidenti[5]: i chilometri non percorsi, che in tutto ammontano a 304.000, hanno contribuito a rendere meno inquinata l'aria di Mantova e delle zone limitrofe, grazie al fatto che sono state evitate emissioni pari a 42 tonnellate di anidride carbonica, per il cui assorbimento sarebbe stata necessaria l'attività di 2.792 alberi.

5. http://www.imprenditoriafemminile.camcom.it/uploaded/Generale/2020/CIF_Convegno%20Dati%20triennali%20(1).pdf

Quanto infine ai benefici economici, i lavoratori coinvolti nel progetto hanno risparmiato complessivamente per i tre anni circa 780.000 euro, mentre per le aziende il risparmio è stato di 513 euro l'anno per dipendente coinvolto, grazie alla maggiore produttività[6].

Covid-19 e inquinamento

Una prima dimostrazione di come lo smart working possa fare bene all'ambiente viene proprio dalle rilevazioni fatte nei giorni dell'emergenza Coronavirus a Milano. Nei primi 15 giorni di applicazione dell'ordinanza del Governo, infatti, nel capoluogo lombardo le polveri sottili pm10 sono diminuite del 33 per cento, secondo quanto accertato dall'Ispra, l'Istituto superiore per la protezione e la ricerca ambientale, elaborati per fondazione Univerde e Opera2030 da Youthquake[7].

6.5 *Lo smart working per le emergenze: il Ponte Morandi e il caso Coronavirus*

In Italia la retorica del «in caso di emergenza facciamo cose impensabili» ha ormai il fiato corto. L'esaltazione dell'intervento emergenziale preserva paradossalmente lo status quo, la burocrazia e i ritardi nel funzionamento dello Stato, producendo voli pindarici che rattoppano i disastri generati proprio da una gestione obsoleta. Quando, nell'agosto del 2018, crollò il ponte Morandi, vi furono problemi molto seri per Abb, Leonardo e Ansaldo Energia. Costruire accordi aziendali per lo smart working fu una necessità. Accadde per un numero parziale di giornate, circa 10 su 25 ogni mese. In breve ci si accorse che la produttività era aumentata e la quasi totalità dei lavoratori coinvolti riuscivano a conciliare meglio il loro lavoro con la vita.

6. https://ambiente.tiscali.it/greeneconomy/articoli/Con-lo-smart-working-meno-inquinamento/
7. https://www.fondazioneuniverde.it/aria/lo-smartworking-pulisce-aria-nel-nord-italia/

Analoga esperienza per lo stabilimento Almaviva di Cosenza: a seguito del danneggiamento provocato dal terremoto del febbraio 2020, l'azienda ricorse al lavoro agile per gran parte dei lavoratori.

Le misure di contenimento imposte dalla pandemia da Covid-19 hanno poi esponenzialmente accelerato il sinora timido ricorso al lavoro agile – derogando agli accordi individuali – sia nella Pubblica Amministrazione, sia nelle aziende private. Secondo il Ministero del Lavoro (dati al 29 aprile 2020), complessivamente risultano 1.827.792 lavoratori attivi in modalità smart working e, di questi, ben 1.606.617 sono stati attivati in conseguenza delle norme per l'emergenza epidemiologica. È più che lecito ipotizzare che questa crescita sia avvenuta senza alcuna progettazione e in assenza del necessario ripensamento dei modelli organizzativi, con una logica di brevissimo periodo – dalla quale, dunque, è facile tornare indietro – e solo in rari casi preludendo ad una modifica strutturale delle modalità di prestazione del lavoro. Agire in emergenza, insomma, non è la soluzione migliore. Bisogna preparare il cambiamento se si vogliono limitare i rischi delle innovazioni ed esaltarne le opportunità.

6.6 *Lo smart working in Europa e nel mondo*

Come si legge nel Report Working anytime, anywhere: The effects on the world of work, realizzato da Eurofound e ILO Studio, dal 2000 la legge federale degli Stati Uniti ha richiesto che ogni dipendente del governo degli Stati Uniti lavori da casa nella misura massima possibile. L'impulso originale era la paura di uno shoutdown del governo a causa della pandemia di influenza aviaria. Da quel momento, atti di terrorismo, eventi meteorologici estremi e altre minacce pandemiche hanno ripetutamente ricordato ai leader del governo la necessità del telelavoro come pietra angolare nella sua continuità di strategia operativa[8].

8. Eurofound and the International Labour Office (2017), *Working anytime, anywhere: The effects on the world of work*, Publications Office of the European Union, Luxembourg, and the International Labour Office, Geneva 2017, p. 53.

Nel 2010 il Presidente degli USA Barak Obama si è definito egli stesso «Teleworker-in-Chief», poiché lavora dalla Casa Bianca, spingendo l'emanazione della legge federale sul telelavoro definendolo una strategia per migliorare il *work-life balance.*

Anche nell'Unione Europea l'unica legge quadro valida è quella promulgata in seguito all'accordo sul telelavoro siglato nel 2002 tra le parti sociali europee.

Al di fuori dell'Europa non esistono accordi a livello internazionale specificamente incentrati su nessuno degli accordi T / ICTM[9].

Questo accordo quadro è stato innovativo perché era la prima volta che un accordo che doveva essere attuato direttamente all'interno dei diversi sistemi di relazioni industriali degli Stati membri veniva concluso in un partenariato sociale autonomo. L'accordo fornisce un quadro europeo generale per le persone che fanno telelavoro, che deve essere attuato conformemente alle procedure e prassi nazionali. In questo accordo il telelavoro è definito come segue:

«Il telelavoro è una forma di organizzazione e / o esecuzione del lavoro, che utilizza la tecnologia dell'informazione, nel contesto di un contratto / rapporto di lavoro, in cui il lavoro, che potrebbe anche essere svolto presso la sede del datore di lavoro, viene svolto regolarmente da tali locali». (Accordo quadro europeo sul telelavoro, articolo 2)[10].

La definizione di telelavoro nell'accordo è volutamente molto ampia poiché il quadro delle circostanze e dei campi di applicazione è in continua evoluzione.

Un recente studio condotto da Eurofound e dall'Organizzazione Mondiale del Lavoro («Working anytime, anywhere: The effects on the world of work») mette a confronto tra loro i Paesi dell'Unione Europea con altri in cui lo smart working è già molto diffuso (ad esempio, Stati Uniti, Giappone). I risultati che ne escono per l'Italia non sono molto lusinghieri: in Europa

9. *Ivi*, p. 44.
10. *Ibidem*

Figure 4: Percentage of employees doing T/ICTM in the EU28, by category and country (EWCS 2015)

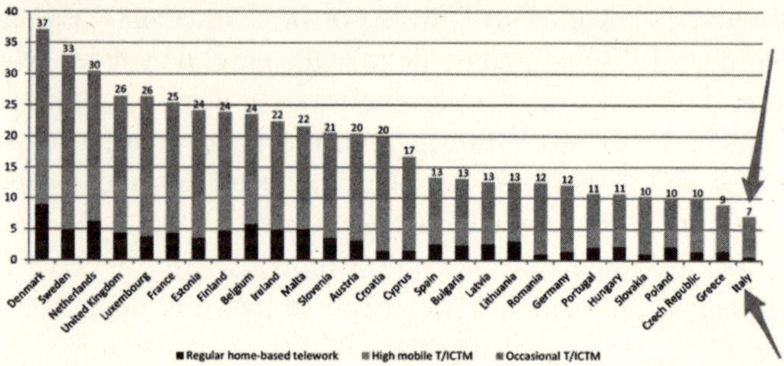

Source: *EWCS 2015.*

l'Italia è ultima, preceduta da Grecia, Repubblica Ceca, Polonia, Slovacchia ed Ungheria.

Le percentuali di diffusione dello smart working affidato alle nuove tecnologie variano moltissimo. In Europa la media è intorno al 17 per cento, con l'Italia che risulta fanalino di coda sia rispetto ai dipendenti che scelgono di lavorare da casa sia rispetto a quelli che fanno grande uso delle nuove tecnologie lavorando in mobilità.

In Italia solo il 7 per cento dei lavoratori ha accesso allo smart working, di cui il 5 per cento smartworker occasionali e meno dell'1 per cento telelavoratori.

Ma cosa succede nel resto del mondo riguardo allo smart working?

In testa invece Paesi nordici come Danimarca e Svezia, poi Paesi Bassi, Regno Unito, Lussemburgo, Francia e un'insospettabile Estonia.

In Europa, di quel 17 per cento di lavoratori che lavorano a distanza, per il 10 per cento si tratta di un'attività occasionale che si alterna a quella in ufficio.

Inoltre solo il 3 per cento lavora da casa. Qui il panorama è sicuramente più variegato:

- in Giappone viene incoraggiato il lavoro a distanza per ridurre gli spazi negli uffici. Gli smartworker lavorano molto anche durante il weekend, in Giappone circa il 30 per cento lavora 6/7 giorni a settimana.

- Nelle grandi città brasiliane viene utilizzato e incoraggiato il telelavoro per risparmiare tempi di spostamento lunghissimi.
- Negli Usa la percentuale di smart working è arrivata al 37 per cento. Qui è stato accertato che il 78 per cento delle ore di lavoro svolte in più (tra il 2007 e il 2014) è da attribuire al lavoro svolto da casa.

Insomma, per concludere direi che in Italia c'è ancora tanto, tanto (ho detto tanto?)[11] da fare; smart working, telelavoro, lavoro per obiettivi, work-life-balance, aumento della fiducia nelle relazioni tra il management e il team...

Il quadro europeo[12]

Flexible Working è il termine più diffuso in **Gran Bretagna**, che è anche il primo Paese ad aver introdotto una specifica legge in merito: approvata nel 2014, la *Flexible Working Regulation* prevede che tutti i dipendenti con anzianità di servizio almeno pari a 26 settimane abbiano il diritto di richiedere forme di flessibilità che i datori di lavoro possono rifiutare solo adducendo fondate motivazioni. Tali richieste possono riguardare ad esempio il job sharing (la possibilità che più soggetti condividano un unico posto di lavoro), il lavoro da casa, il *part-time*, la settimana di lavoro compressa, o orari flessibili individuali. Anche nei **Paesi Bassi** dal 2016 è in vigore il *Flexible Working Act* che, sul modello inglese, sancisce e regolamenta il diritto dei lavoratori a richiedere forme di flessibilità negli orari e luoghi di lavoro.

In **Francia** si è puntato sul rendere flessibile il *telelavoro* con una serie di decreti culminati nella recente riforma della *Loi Travail* del 31 agosto 2017. L'introduzione del te-

11. M. Motta, Communication Manager presso Great Place to Work® Italia.
12. L'analisi è tratta da https://www.agendadigitale.eu/industry-4-0/smart-working-cose-italia-altri-paesi-europei

lelavoro non richiede più modifiche del contratto di lavoro, ma può essere definita ad hoc attraverso un accordo scritto o orale tra il datore di lavoro e il dipendente. Con la stessa legge si rimuovono le incertezze normative legate a salute e sicurezza precisando che «l'incidente che si verifica nel luogo in cui avviene il telelavoro durante le ore di telelavoro è presunto come un incidente professionale». Attenzione viene anche data al «diritto alla disconnessione», prevedendo che gli accordi interni debbano stabilire orari ed eventuali condizioni per la disconnessione.

In **Germania**, sulla spinta del più generale piano Industrie 4.0, il Ministero Federale tedesco del Lavoro e delle Politiche Sociali ha pubblicato il documento «Arbeiten 4.0» (Lavoro 4.0) che raccomanda l'introduzione di modelli di flessibilità volti ad accompagnare la trasformazione digitale del mercato del lavoro.

In **Belgio**, pur non essendoci specifiche normative, si è diffuso il concetto di *New Ways of Working* o *New World of Working*, con cui ci si riferisce all'adozione di nuove pratiche di lavoro che consentono di aumentare la motivazione, la soddisfazione e la produttività dei lavoratori della conoscenza. Le leve considerate sono il layout degli uffici (*Bricks*), le tecnologie abilitanti (*Bytes*) e i comportamenti delle persone (*Behaviours*).

Gemelli digitali (Digital Twin): 25 per cento di riduzione dei tempi di sviluppo per le aziende che li usano

Un altro termine diffuso in diversi Paesi è quello *Agile Working* con cui oltre alla flessibilità in termini di orari e luoghi si fa riferimento a flessibilità nelle attività e nel personale impiegato. Infine l'*Activity Based Working*, invece, è un ripensamento delle condizioni di lavoro in funzione delle caratteristiche dei compiti da svolgere. In particolare, si riconosce che alle persone va data la possibilità di scegliere tra ambienti fisici e dotazioni tecnologiche diverse per rispondere a differenti esigenze di collaborazione, comunicazione, concentrazione e contemplazione.

In **Italia**, sulla spinta delle iniziative degli Osservatori Digital Innovation del Politecnico di Milano e delle iniziative promosse dal Comune di Milano, si sono affermati i concetti di smart working e lavoro agile, spesso utilizzati come sinonimi o in connessione. Lo smart working è definito dall'Osservatorio come «un nuovo modello di organizzazione del lavoro fondato sulla restituzione alle persone di flessibilità e autonomia nella scelta degli spazi, degli orari e degli strumenti da utilizzare a fronte di una maggiore responsabilizzazione sui risultati». L'enfasi dunque è sul superamento della rigidità dei vincoli rigidi nell'orario e luogo di lavoro, a favore di una più matura relazione basata sul lavoro per risultati. L'obiettivo esplicito è quello di trovare un migliore bilanciamento tra obiettivi aziendali ed esigenze individuali. Dal punto di vista giuridico lo smart working o lavoro agile è disciplinato dalla legge n. 81 del 22 maggio 2017 come una «modalità di esecuzione del rapporto di lavoro subordinato stabilita mediante accordo tra le parti, anche con forme di organizzazione per fasi, cicli e obiettivi e senza precisi vincoli di orario o di luogo di lavoro, con il possibile utilizzo di strumenti tecnologici...».

Si tratta di una normativa particolarmente avanzata perché evidenzia che lo smart working non è «solo» una forma di conciliazione, ma una vera e propria evoluzione dei modelli di organizzazione del lavoro che permette di superare il paradigma del contratto di lavoro come «affitto di tempo», rimuovendo rigidità e vincoli antistorici tipici del lavoro dipendente, senza togliere «diritti» o «sicurezze» ai lavoratori, ma ricercando un miglior bilanciamento tra obiettivi di competitività ed esigenze dell'individuo. Occorre oggi che questo impianto di Soft Law, che lascia ai lavoratori e alle aziende la possibilità di definire i propri accordi, non venga snaturato attraverso la previsione di adempimenti troppo burocratici e macchinosi. Al tempo stesso occorre che anche nella prossima legislatura si prosegua in questo percorso virtuoso facilitando in particolare il diffondersi di modelli di organizzazione flessibili nella Pubblica Amministrazione e nelle piccole e medie imprese, comparti fondamentali per l'economia Italiana che sono rimasti ad oggi ancora ai margini del fenomeno[13].

6.7 *La cybersicurezza (cybersecurity)*

La sicurezza dei dati personali e aziendali nella remotizzazione del lavoro non può essere una scusa per non sviluppare il lavoro agile. Esistono numerose contromisure per rendere quanto meno i rischi di questo tipo assolutamente paragonabili a quelli che si possono riscontrare in azienda.

Secondo il rapporto del 2018, elaborato da Clusit – Associazione italiana per la sicurezza informatica, «il 2017 è stato l'anno peggiore di sempre in termini di evoluzione delle minacce cyber e dei relativi impatti, non solo dal punto di vista quantitativo ma anche e soprattutto da quello qualitativo, evidenziando un trend di costante crescita degli attacchi, della loro gravità e dei danni conseguenti. [...] Nel biennio 2016-2017, con un'accelerazione sensibile nell'ultimo anno, il livello di cyber-insicurezza ha effettuato globalmente un «salto quantico», un vero e proprio cambiamento di fase, tanto che l'allora ministro della Difesa tedesco Ursula von der Leyen aveva affermato: «Cyber attacks are the single greatest threat to global stability» [Gli attacchi informatici sono la più grande minaccia alla stabilità globale], mentre il World Economic Forum, nel suo Global Risk Report pubblicato nel gennaio 2018, ha classificato i rischi derivanti da cyber attacchi al terzo posto tra i maggiori rischi globali, subito dopo disastri naturali ed eventi climatici estremi.

13. https://blog.osservatori.net/it_it/smart-working-cos-e-come-funziona-in-italia http://www.europarl.europa.eu/sides/getDoc.do?pubRef=-//EP//TEXT+TA+P8-TA-2016-0338+0+DOC+XML+V0//IT
http://www.comune.milano.it/wps/portal/ist/it/vivicitta/qualitavita/lavoro_agile
https://blog.osservatori.net/it_it/cos per centoC3 per centoA8-lo-smart-working

La diffusione delle tecnologie di Industry 4.0, ma in particolare la forte crescita nell'utilizzo dei dati per il business e l'estensione di Internet al mondo delle cose e dei luoghi fisici attraverso la tecnologia IoT, impongono di aumentare il livello di attenzione e l'investimento di risorse sulla sicurezza informatica.

La cybersecurity è l'insieme delle tecnologie utili a proteggere un computer o un sistema informatico da attacchi che possono portare alla perdita o alla compromissione di dati e informazioni. Dipende quindi esclusivamente dalla tecnologia informatica ed è, pertanto, una parte del più ampio campo della information security.

«Prima dell'avvento del cyberspace, il mondo era basato su informazioni stampate su carta o immagazzinate su computer isolati e collocati in perimetri fisici ben delineati. Questo mondo aveva sviluppato dei modelli di minaccia molto precisi, permettendo la definizione di politiche nazionali, aziendali e individuali di sicurezza e di protezione sufficientemente chiare e dettagliate» si legge nel libro bianco del Laboratorio nazionale di Cybersecurity- Cini. «Nel cyberspace le minacce sono invece in continua mutazione e molte rimangono sconosciute per mesi o anni prima di emergere. Ci troviamo, quindi, a dover definire delle politiche di sicurezza in un mondo dove è fortemente incompleta l'informazione sulla minaccia. Quando si è immersi nel cyberspace guardare da un solo punto di vista significa non avere alcuna possibilità di affrontare la minaccia, poiché le vulnerabilità sono potenzialmente nascoste nell'hardware, nel firmware, nel software applicativo, ma anche nei processi organizzativi, nei contratti, nelle leggi».

In Italia il decreto del presidente del Consiglio dei ministri del 17 febbraio 2017, denominato «Direttiva recante indirizzi per la protezione cibernetica e la sicurezza informatica nazionali», rappresenta il quadro nazionale nel cui ambito si coordinano settore pubblico, privato, civile e militare. Tale coordinamento ha natura tanto strategica quanto operativa, proponendo una serie di azioni e centri a supporto delle politiche nazionali in materia di cybersicurezza. Ne è derivato il Piano nazionale per la protezione cibernetica e la sicurezza dell'informazione.

Clusit ha stimato che solo nel 2016 il nostro Paese abbia subito danni causati da attività di cybercrimine per quasi 10 miliardi di euro. Tutti i settori sono ormai sottoposti al rischio di attacchi perpetrati in questo modo da criminali comuni, mafie, concorrenti, altri Stati, con risultati assai diversi per gravità e in relazione alle tecniche utilizzate. Oltre ai privati, le diverse organizzazioni che credono di essere meno appetibili all'attacco rappresentano «migliaia di anelli deboli nella catena del valore», la cui presenza «si ripercuote sulla sicurezza del cyberspace nel suo complesso e pone le condizioni per il proliferare di incidenti su larga scala»[14].

Le piccole e medie imprese, per esempio, iniziano a utilizzare in modo sostenuto il digitale, ma sottostimano l'importanza di una valutazione attenta del rischio informatico e sono pertanto particolarmente vulnerabili. Eppure, lo studio pubblicato dall'importante network di consulenza direzionale Ernst & Young, condotto su 1200 fra le più grandi e riconosciute organizzazioni mondiali, rileva che solo il 4 per cento del campione ritiene di aver pienamente considerato le implicazioni sulla sicurezza delle informazioni nella propria strategia attuale e incorporato in essa tutti i rischi e le minacce rilevanti. EY sottolinea anche come stia diventando più difficile definire un'organizzazione: «Ciò è dovuto alla proliferazione di dispositivi appartenenti a dipendenti, clienti e fornitori (inclusi laptop, tablet, telefoni cellulari e altro), con accesso ai sistemi dell'organizzazione che rendono meno chiara la sicurezza del perimetro»[15].

14. R. Baldoni, R. De Nicola, P. Prinetto (a cura di), *Il Futuro della Cybersecurity in Italia. Ambiti Progettuali Strategici. Progetti e Azioni per difendere al meglio il Paese dagli attacchi informatici*, Politecnico di Torino Laboratorio Nazionale di Cybersecurity-Consorzio Interuniversitario Nazionale per l'Informatica (Cini), 2018, p. 18.

15. *Cybersecurity Regained: Preparing to Face Cyber Attacks. 20th Global Information Security Survey 2017-18*, EY 2017 https://www.ey.com/Publication/vwLUAssets/ey-cybersecurity-regained-preparing-to-face-cyber-attacks/$FILE/ey-cybersecurity-regained-preparing-to-face-cyber-attacks.pdf

Minacce alla sicurezza informatica

	Attacchi comuni	*Attacchi avanzati*	*Attacchi emergenti*
Cosa è	Sfruttano vulnerabilità note attraverso strumenti di hackeraggio già disponibili. Occorre poca esperienza perché l'attacco abbia successo	Sfruttano vulnerabilità complesse o a volte sconosciute («zero-day») utilizzando strumenti e metodologie sofisticati	Si focalizzano su nuovi vettori di attacco e su vulnerabilità legate alle tecnologie emergenti. Si basano su ricerche specifiche per identificare e sfruttare le vulnerabilità
Attori della minaccia	Hacker non sofisticati, come dipendenti scontenti, concorrenti in affari, attivisti informatici e in alcuni casi fronde del crimine organizzato	Hacker sofisticati come organizzazioni criminali, team di spionaggio industriale, cyberterroristi e Stati nazionali	Hacker sofisticati come organizzazioni criminali, team di spionaggio industriale, cyberterroristi e Stati nazionali
Esempi	- Vulnerabilità non corrette di un sito web, sfruttate attraverso un kit di intervento disponibile gratuitamente - Malware generici installati attraverso una campagna di phishing che permettono il controllo in remoto di un terminale. - Attacchi mediante Distributed Denial of Service (DDoS) per bloccare un sito tempestandolo di richieste.	- Attacchi spear phishing utilizzando malware appositi - Vulnerabilità «zero-day» colpite attraverso codici appositamente costruiti - Dipendenti canaglia «infiltrati» a scopo di spionaggio - Venditori/fornitori sfruttati per avere accessoall'organizzazione target dell'attacco	- Sfruttano le vulnerabilità dei dispositivi «smart» per avere accesso a banche dati e/o sistemi di controllo - Gap di sicurezza creati dalla convergenza di dispositivi personali e aziendali sulla stessa Rete - Utilizzo di tecniche avanzate per evitare il riconoscimento e/o per bypassare i filtri di sicurezza

Fonte: *Cybersecurity regained: preparing to face cyber attacks*, EY, 2017.

È sempre più evidente come il fattore umano e le sue crescenti estensioni digitali rappresentino i principali punti di debolezza. La tabella, sulla base delle elaborazioni della ricerca, offre una mappatura delle principali minacce alla sicurezza informatica.

Disciplina per la riservatezza dei dati aziendali e la privacy dei lavoratori

È raccomandabile definire regole chiare sulla riservatezza sia dei dati aziendali che di quelli personali dei dipendenti, con richiami alla disciplina applicabile e un'attività di formazione dedicata.

È utile in questo senso dotarsi di specifiche policy condivise in sede collettiva sui comportamenti corretti per garantire la riservatezza di dati personali dei lavoratori e dei dati aziendali trattati durante l'adempimento della prestazione.

Lo smart working, però, non è una semplice iniziativa per i lavoratori; esso, infatti, richiede un sapiente uso dell'innovazione digitale, una governance integrata ed una grande evoluzione dei modelli organizzativi aziendali, dai quali, ovviamente, la privacy non può essere esclusa, anzi, ne riveste parte integrante, dati i molteplici impatti, poiché la nuova tecnologia gioca un ruolo fondamentale. È necessario definire le misure di sicurezza adeguate che il titolare del trattamento dovrebbe attuare per garantire la tutela dei dati personali degli interessati. Bisogna rispettare il GDPR ovvero attuare tutte quelle procedure che avrebbe dovuto mettere in campo se avesse previsto dal principio dell'attività lavorativa lo smart working e, ove impossibile, impedire momentaneamente quei trattamenti ad elevato rischio per i diritti e le libertà fondamentali degli interessati. In base all'approccio basato sul rischio ed alle misure di accountability introdotte dal GDPR, se si procedesse ad un'attenta valutazione (DPIA) sui trattamenti in ambiente smart working «implementato per emergenza», da intendersi come possibili impatti negativi sui diritti e le libertà degli interessati, sarebbe alquanto improbabile far risultare una matrice di rischio bassa o medio bassa, soprattutto ove non siano state previste a monte misure adeguate alla sua mitigazione, per l'assenza delle quali sono previste sanzioni fino a 10 milioni di euro o al 2 per cento del fatturato annuo mondiale.

Conclusioni

Ci sono tanti modi per tornare a far esprimere il meglio di ognuno e per questo servono gruppi dirigenti capaci di visioni di prospettiva, di pensieri lunghi, di guardare oltre. L'imprenditore che accetta di buon grado che i suoi lavoratori lascino fuori dai cancelli cuore e cervello deve cambiare mestiere. Un'organizzazione e un'impresa che non costruiscono le condizioni per dare il meglio di ognuno inquinano la nostra umanità. Bisogna prendersi cura delle persone e spesso ciò corrisponde proprio ad un interscambio di quote di libertà, responsabilità, fiducia e autonomia.

La zona confortevole di ognuno è continuare a fare tutto come si è sempre fatto. E si ripete incessantemente tutto anche quando si è consapevoli di sbagliare nel metodo e spesso nel merito, peraltro pagando un alto prezzo e raccogliendo modesti risultati. Il lavoro, il suo tempo e il suo spazio sono variabili da «scongelare»[1]. La loro rigidità non è affatto un presidio da difendere. Per questo bisogna mettere in campo i progettisti del nuovo lavoro, del suo spazio e del suo tempo.

Pertanto non fermiamoci, è un momento in cui siamo obbligati a non pensare semplicemente al dopo, dobbiamo avere la capacità di andare veramente oltre. Il futuro è conseguenza del presente. Il domani sarà tale se non sarà la proroga di oggi.

Un lavoratore paracadutato nello smart working all'inizio si trova allo sbando, non riesce letteralmente a fare neanche le

1. F. Amicucci, M. Bentivogli, R. Nacamulli, *Manifesto per lo smartworking* Ilsole24ore, 29 marzo 2020

stesse cose nello stesso modo in cui avvenivano in ufficio. Tutto ciò è assolutamente normale.

Se vogliamo parlare di innovazione, essa corrisponde ad un processo che prevede come tappa obbligata la partecipazione, il coinvolgimento, la consapevolezza di tutti e tantissima formazione.

Chi sceglierà scorciatoie non si aspetti nessun guadagno né di produttività né, tantomeno, di benessere dei lavoratori.

Per questo sono molto più importanti i percorsi di cambiamento (come alcuni che ho cercato di raccogliere in questo testo), dei buoni accordi aziendali e individuali rispetto all'ossessione regolatrice frettolosa[2].

Per altro, se non si capisce la nuova natura del lavoro agile, la consueta italica attitudine a disciplinare tutto rischia di produrre raccomandazioni alquanto paradossali. Si veda in proposito l'Informativa sul lavoro agile del 25 febbraio 2020 predisposta dall'INAIL in particolare sul lavoro outdoor.

Parlano tutti di smart working, pochi hanno capito di che si tratta, anche tra coloro a cui è partito il grilletto legiferatore. Ricordiamoci sempre che stiamo parlando di lavoro, di quella cosa che è ancora uno dei rari veicoli di mobilità sociale, di acquisizione di cittadinanza e dignità. Nel dilemma tra liberarsi dal lavoro e liberarsi nel lavoro, lo smart working è una strada, vincente, per la seconda opzione. Il lavoro non finirà, sta cambiando radicalmente. Ricostruirne le architetture portanti è una sfida formidabile a cui siamo tutti chiamati.

2. D. Di Vico, *Ragioniamo senza fretta sul lavoro a distanza*, Corriere della Sera, 4 luglio 2020.

"Lavoro a domicilio"	· D.Lgs. n. 81/2008 - Art. 3, comma 9 "Fermo restando quanto previsto dalla legge 18 dicembre 1973, n. 877, ai lavoratori a domicilio (...) trovano applicazione gli obblighi di informazione e formazione di cui agli articoli 36 e 37. Ad essi devono inoltre essere forniti i necessari dispositivi di protezione individuali in relazione alle effettive mansioni assegnate. Nell'ipotesi in cui il datore di lavoro fornisca attrezzature proprie, o per il tramite di terzi, tali attrezzature devono essere conformi alle disposizioni di cui al titolo III" · Interpello n. 13/2013 – Il domicilio del "lavoratore a domicilio" non è considerato luogo di lavoro ai sensi del D.Lgs. n. 81/2008
Prestazione continuativa di lavoro a distanza configurabile come "Telelavoro"	· Accordo Interconfederale 2004 – Recepimento Accordo europeo 2002 · D.Lgs. n. 81/2008 – Art. 3, comma 10 "A tutti i lavoratori subordinati che effettuano una prestazione continuativa di lavoro a distanza, mediante collegamento informatico e telematico, compresi quelli di cui (...) all'accordo-quadro europeo sul telelavoro concluso il 16 luglio 2002, si applicano le disposizioni di cui al titolo VII, indipendentemente dall'ambito in cui si svolge la prestazione stessa. (...) Al fine di verificare la corretta attuazione della normativa in materia di tutela della salute e sicurezza da parte del lavoratore a distanza, il datore di lavoro, le rappresentanze dei lavoratori e le autorità competenti hanno accesso al luogo in cui viene svolto il lavoro (...) subordinato al preavviso e al consenso del lavoratore qualora la prestazione sia svolta presso il suo domicilio"
Forme di Smartworking o lavoro agile	· Legge 81/2017 art.18-24 · Sicurezza: o D.lgs. 81/08 o Circ. Inail n. 48 del 2-11-2017 · Dpcm 11 Marzo 2020 · D.l. 17 Marzo 2020n.18 Cura Italia

Appendice

Evoluzione Normativa

	D.Lgs. n. 81/2008 - Art. 3, comma 9 "Fermo restando quanto previsto dalla legge 18 dicembre 1973, n. 877, ai lavoratori a domicilio (...) trovano applicazione gli obblighi di informazione e formazione di cui agli articoli 36 e 37. Ad essi devono inoltre essere forniti i necessari dispositivi di protezione individuali in relazione alle effettive mansioni assegnate. Nell'ipotesi in cui il datore di lavoro fornisca attrezzature proprie, o per il tramite di terzi, tali attrezzature devono essere conformi alle disposizioni di cui al titolo III" Interpello n. 13/2013 – Il domicilio del "lavoratore a domicilio" non è considerato luogo di lavoro ai sensi del D.Lgs. n. 81/2008
Prestazione continuativa di lavoro a distanza configurabile come "Telelavoro"	Accordo Interconfederale 2004 – Recepimento Accordo europeo 2002 D.Lgs. n. 81/2008 – Art. 3, comma 10 "A tutti i lavoratori subordinati che effettuano una prestazione continuativa di lavoro a distanza, mediante collegamento informatico e telematico, compresi quelli di cui (...) all'accordo-quadro europeo sul telelavoro concluso il 16 luglio 2002, si applicano le disposizioni di cui al titolo VII, indipendentemente dall'ambito in cui si svolge la prestazione stessa. (...) Al fine di verificare la corretta attuazione della normativa in materia di tutela della salute e sicurezza da parte del lavoratore a distanza, il datore di lavoro, le rappresentanze dei lavoratori e le autorità competenti hanno accesso al luogo in cui viene svolto il lavoro (...) subordinato al preavviso e al consenso del lavoratore qualora la prestazione sia svolta presso il suo domicilio"

Forme di "smart work o lavoro agile"	Non esiste normativa di riferimento Non esiste definizione "legale" di questa fattispecie Non si fa riferimento a mansioni come quella di "rappresentante"/"consulente" che prevedono una continua prestazione lavorativa presso clienti/soggetti esterni (in questi casi trova applicazione, se previsto, l'art. 26 del D.Lgs. n. 81/2008) legge 81/207 Dpcm 11 Marzo 2020 D.l. 17 Marzo 2020n.18 Cura Italia e D.l. n. 34/2020

Le best practice nel panorama nazionale

Siemens

ASSOLOMBARDA
Confindustria Milano Monza e Brianza

Addì, 6 giugno 2017 in Milano

Tra

la Società **SIEMENS S.p.A.**, presente nelle persone della Sig.ra Federica Fasoli e Sig. Walter Villa ed assistita da Assolombarda nella persona del Sig. Fausto Panizzi

e

la **FIM-CISL** rappresentata dal Sig. Christian Gambarelli,

la **FIOM-CGIL** rappresentata dal Sig. Roberto Zanotto

e la **UILM-UIL** rappresentata dalla Sig.ra Laura Giannetti,

presente il Coordinamento delle **R.S.U.** FIM-FIOM-UILM di Siemens S.p.A.

Premesso che

La competizione nazionale e internazionale richiede sempre più competenza e flessibilità per sviluppare una conoscenza dinamica dei mercati di riferimento e proporre di volta in volta le soluzioni più adatte per dare valore competitivo e accompagnare nella crescita i clienti sulla base delle specifiche esigenze.

Il successo competitivo aziendale si fonda sulla valorizzazione delle risorse e sullo sviluppo del potenziale, accompagnata e supportata da modalità di effettuazione della prestazione lavorativa flessibili e basate sulla responsabile e autonoma partecipazione dei collaboratori alle attività e ai risultati aziendali.

Nell'ambito delle politiche del Gruppo Siemens in tema di sviluppo e gestione delle risorse umane, Siemens SpA investe e crede nello sviluppo delle proprie risorse in un ambito di attivo contributo in termini di miglioramento delle prestazioni e di bilanciamento delle esigenze di vita e di lavoro. In tale ambito rientrano appieno le più moderne pratiche di smart working, delle quali Siemens SpA intende pertanto proseguire l'implementazione, offrendo quindi al maggior numero possibile di dipendenti la possibilità di viverne e applicarne le modalità.

20122 Milano, Via Pantano 9
Telefono: 02 58370.1
Fax: 02 58304507
assolombarda@assolombarda.it
Codice Fiscale 80040750152

Presidio Territoriale Monza e Brianza:
20900 Monza, Viale Petrarca 10
Telefono: 039 26381
Fax: 039 3638208

Sede di Lodi:
26900 Lodi, Via Haussmann 11/1
Telefono: 0371 431850
Fax: 0371 431875
lodi@assolombarda.it

www.assolombarda.it
www.farelavoromilano.it
www.assolombardanews.it
@assolombarda
company/assolombarda
AssolombardaTV
@assolombarda

In tale ambito, la sperimentazione di *smart-working* (*Siemens Office*), avviata come progetto pilota nel 2011, rappresenta oggi una realtà ormai consolidata nell'ambito del Gruppo in Italia e Siemens SpA pertanto intende avviarsi ad applicare tale modalità di effettuazione della prestazione lavorativa, come la modalità abituale vigente in azienda anche in previsione dell'insediamento presso la nuova sede di Milano in via Vipiteno, prevista per i primi mesi del 2018.

La flessibilità, autonomia e responsabilità nello svolgimento della prestazione lavorativa si accompagnano ad uno sforzo comune delle parti sociali per la massima semplificazione dei trattamenti e delle procedure gestionali e amministrative, fermo restando il focus principale e prioritario sul contributo alle attività e ai risultati aziendali.

Alla luce del contesto sopra evidenziato, le parti sociali in azienda hanno da tempo instaurato un positivo confronto in merito alle modalità più avanzate per consentire a tutti i dipendenti di svolgere le proprie attività con autonomia e responsabilità, salvaguardando l'interazione professionale tra colleghi e tra funzioni aziendali e consentendo al tempo stesso il miglior equilibrio possibile tra sfera professionale e sfera personale e famigliare.

Tutto ciò premesso, si concorda quanto segue.

1) A far data dalla decorrenza del presente accordo, per tutto il personale di Siemens SpA l'abituale modalità di effettuazione della prestazione lavorativa sarà il ***Siemens Office***, salvo il personale (di cui al punto 2) addetto a costante e continua attività di assistenza tecnica presso le sedi dei clienti.

Il *Siemens Office* sarà applicato sulla base di quanto segue:

i dipendenti potranno effettuare la propria prestazione lavorativa sia presso la sede di lavoro, sia presso altro luogo idoneo, mediante connessione informatica alla rete aziendale e fermi restando gli aspetti relativi alla sicurezza e alla protezione della riservatezza delle informazioni secondo le policy aziendali vigenti.

I dipendenti potranno, in accordo coi rispettivi responsabili, effettuare la propria prestazione lavorativa così come contrattualmente previsto, nell'arco della giornata lavorativa feriale anche in maniera discontinua, fermo restando lo specifico divieto di effettuare lavoro notturno salvo particolari esigenze altrimenti regolamentate.

La connessione alle strumentazioni tecnologiche di lavoro sarà contestuale alle fasce orarie di prestazione lavorativa nell'arco della giornata così come sopra specificato.

I dipendenti saranno altresì tenuti alla presenza presso le sedi aziendali, nelle fasce di compresenza definite in accordo con i rispettivi responsabili sulla base delle esigenze aziendali.

20122 Milano, Via Pantano 9
Telefono: 02 583701
Fax: 02 58304507
assolombarda@assolombarda.it
Codice Fiscale 80040750152

Presidio Territoriale Monza e Brianza:
20900 Monza, Viale Petrarca 10
Telefono: 039 36381
Fax: 039 3638208

Sede di Lodi:
26900 Lodi, Via Haussmann 11/I
Telefono: 0371 431850
Fax: 0371 431875
lodi@assolombarda.it

www.assolombarda.it
www.farvolaremilano.it
www.assolombardanews.it
@assolombarda
company/assolombarda
AssolombardaTV
@assolombarda

Micron

Ipotesi di accordo integrativo Micron Semiconductor Italia S.r.l.

In data 23 novembre 2015 in Monza si sono incontrate:

- la direzione aziendale di Micron Semiconductor Italia S.r.l. in persona dei Sigg.ri Raffaele Credidio e Roberto Corradi, assistiti da AssolombardaConfindustria Milano, Monza e Brianza e Confindustria Catania, nelle persone rispettivamente del Sig. Fabio Usuelli e del Sig. Lorenzo Vinciguerra,

- da una parte -

e

- Fim, Fiom e Uilm nazionali, nelle persone dei Sigg.ri Gianluigi Redaelli (anche per Fim Monza e Brianza), Roberta Turi e Luca Maria Colonna

- Fiom di Monza e Brianza e di Catania, nelle persone dei Sigg.ri Pietro Occhiuto e Stefano Materia

- Fim di Catania, nella persona del Sig.Pietro Nicastro

- Uilm di Catania, nella persona del Sig. Matteo Spampinato

- le RSU di Agrate Brianza/Vimercate, Arzano, Avezzano e Catania

- dall'altra parte -

Premesso che:

Il presente Accordo Integrativo (di seguito l'"**Accordo**") ha lo scopo di recepire i cambiamenti organizzativi e di mercato che hanno interessato il Gruppo Micron, rendere organici i trattamenti previsti nei vari accordi di secondo livello stratificatisi nel tempo, accrescere la flessibilità nella gestione dell'orario di lavoro e rendere omogenei i trattamenti aziendali di retribuzione variabile in uso nel Gruppo Micron.

L'Accordoannulla e sostituisce ogni precedente accordo o prassi aziendale esistenti.

Micron Semiconductor Italia S.r.l. (la "Società'"), le RSU e le OO.SS. riconoscono che il benessere dei lavoratori, sia sul luogo di lavoro che nell'ambito familiare, è una condizione imprescindibile per il successo dell'organizzazione nel suo complesso. In tale ottica il presente accordoha lo scopo di migliorare l'organizzazione aziendale favorendo una migliore conciliazione dei tempi di vita con il tempo di lavoro dei dipendenti e contribuendo a dare risposta, a loro ed al loro nucleo familiare, ai bisogni primari attraverso l'offerta di beni e servizi.

Le Parti si danno atto che l'Accordo realizza, nel suo complesso, un trattamento di maggior favorerispetto alla disciplina normativa ed economica del vigente Contratto Collettivo Nazionale di Lavoro settore metalmeccanico per le lavoratrici e i lavoratori addetti all'industria metalmeccanica privata e alla installazione di impianti ("CCNL").

Le Parti potranno valutare, in futuro, eventuali integrazioni all'Accordo relative a temi ed istituti non trattati dal medesimo.

Le Parti concordano quanto segue:

ACCORDO INTERCONFEDERALE REGIONALE SUL LAVORO AGILE

PER LE IMPRESE ARTIGIANE E LE PMI DEL VENETO

Il giorno 20 dicembre 2019 nella sede di Ebav, in Marghera Venezia, si sono incontrate:

CONFARTIGIANATO IMPRESE VENETO, rappresentata dal Presidente Agostino Bonomo, assistito dal Segretario Regionale Francesco Giacomin, da Ferruccio Righetto e da Giulia Rosolen dell'ufficio Relazioni Sindacali;

CNA del Veneto, rappresentata dal Presidente Alessandro Conte, assistito dal Segretario regionale Matteo Ribon;

CASARTIGIANI del Veneto, rappresentata dal Presidente Franco Storer, assistito dal Segretario Generale Andrea Prando e dal Responsabile regionale per le Relazioni Sindacali Umberto D'Aliberti;

e

CGIL regionale Veneto, rappresentata dal segretario generale regionale Christian Ferrari, dalla segretaria regionale Tiziana Basso e da Renzo Pellizzon;

CISL regionale Veneto, rappresentata dal segretario generale regionale Gianfranco Refosco e da Riccardo Camporese;

UIL regionale Veneto, rappresentata dal segretario generale regionale Gerardo Colamarco e dal segretario regionale Brunero Zacchei

LE PARTI SOCIALI REGIONALI

PREMESSO CHE

- Il lavoro agile (o *smartworking*) si è sviluppato in Italia soprattutto grazie alla Contrattazione Collettiva, che in particolare nell'ultimo quinquennio ha avviato sperimentazioni a più livelli, con esiti largamente positivi;
- La Legge n. 81 del 22 maggio 2017, ha introdotto per la prima volta nel nostro ordinamento una disciplina legale del lavoro agile (o *smartworking*) con l'obiettivo di favorire l'articolazione flessibile nei tempi e nei luoghi del lavoro subordinato;
- La Direttiva (UE) 2019/1158 del Parlamento europeo e del Consiglio del 20 giugno 2019 individua nel lavoro agile (o *smartworking*) la migliore via per: rilanciare la produttività delle imprese; realizzare un migliore equilibrio tra vita e lavoro; favorire un approccio al lavoro imperniato sul valore della "*sostenibilità*". La Direttiva in questo contesto evidenzia il ruolo che possono svolgere le Parti Sociali nell'incoraggiarlo e nel renderlo uno strumento positivo per imprese e lavoratori/lavoratrici oltrechè per la collettività;

1

Linee guida Fim Cisl sullo smart-working*

Sintesi dei contenuti di possibili accordi sul lavoro agile
LEGGE
CCNL
Contrattazione aziendale
Contratto individuale
Fonti normative:
- L.81/2017 Art.18-23
Sicurezza:
- D.lgs. 81/08
- Circ. Inail n. 48 del 2-11-2017
LINEE GUIDA PER CONTRATTAZIONE AZIENDALE
CONTRATTAZIONE AZIENDALE/TERRITORIALE
ACCORDO INDIVIDUALE previsto dalla legge e derogato nel periodo si emergenza sanitaria

1. Individuazione degli obiettivi dell'accordo, contesto, riferimento ad operazioni aziendali

La disciplina di dettaglio del lavoro agile, dentro il quadro eventualmente delineato dal CCNL, non può che essere tracciata dalla contrattazione aziendale. Gli accordi con il singolo lavoratore devono trovare un riferimento preciso negli accordi collettivi aziendali. Gli accordi aziendali devono inquadrare il progetto di lavoro agile quale misura che ha come obiettivo il miglioramento della conciliazione tra tempi di vita e di lavoro

* Pubblicate l'8 giugno 2020.

dei dipendenti. Devono contenere anche un richiamo a politiche di parità di genere.

Durante il periodo Covid-19, in esecuzione del protocollo sulla sicurezza del 24 aprile 2020 e del DCPM 17 maggio 2020, gli accordi aziendali potranno inquadrare il progetto di lavoro agile quale misura per contenere il contagio da Covid-19 e migliorare la sicurezza sul lavoro.

Il contratto aziendale è la sede migliore sia in tempi pandemici vista l'enorme quantità di lavoratori coinvolti nella sperimentazione, sia in situazioni più normali per accompagnare la trasformazione del lavoro, dell'impresa e della cultura aziendale. In un modello futuribile di lavoro agile disciplinare ogni aspetto della modalità di svolgimento può non essere necessario o addirittura dannoso ma nel nostro paese la strada da fare è ancora lunga.

Sulle PMI nello specifico ci sono state pre-covid esperienze interessanti come l'accordo interconfederale in Veneto del 20 dicembre 2019 per lo smart working nelle aziende artigiane.

È utile, in ogni caso, un riferimento al cambiamento di filosofia organizzativa e di gestione che è il presupposto per la sperimentazione di questa nuova modalità di lavoro, riferendosi a concetti quali: autonomia, fiducia, responsabilizzazione, dialogo, cultura della performance, efficienza organizzativa.

Anche gli obiettivi aziendali vanno esplicitati come ad esempio quello di un aumento della produttività connesso ad un miglior benessere del lavoratore. Inoltre, è necessario promuovere una sinergia tra la sperimentazione di lavoro agile e più ampi piani di welfare aziendale o a strategie relative al personale, che devono essere espressamente richiamate dagli accordi. L'introduzione di tale modalità di lavoro va poi riconnessa a ragioni di sostenibilità, sicurezza sul lavoro e tutela ambientale, dal momento che alla prestazione da remoto può collegarsi una migliore gestione della mobilità, riduzione del rischio da Covid-19 e una diminuzione del traffico. Infine, il lavoro agile può essere utilizzato nel caso di esigenze di riorganizzazione aziendale, come in alcuni casi sottoscritti nel nostro settore per impedire il trasferimento di personale da una città ad un'altra.

2. *Definizione*

La definizione di lavoro agile è contenuta nella legge 81/2017 che offre un riferimento imprescindibile per individuare lo smart working o il lavoro agile.

Il lavoro agile è definito come lo svolgimento della prestazione di lavoro subordinato, con una diversa gestione dello spazio e del tempo di lavoro e con un mix di presenza nella sede abituale di lavoro e in sede esterna.

A proposito di sede esterna va prevista la possibilità di lavoro anche da hub o comunque da sede diversa dai locali aziendali, non riducendo il tutto al solo lavoro da casa.

Anche in questo, oltre alla non prevalenza e alla mancanza di una sede fissa si differenzia dal telelavoro o dal semplice lavoro da remoto.

3. *Individuazione dei lavoratori coinvolti e dei criteri di priorità*

Ferma restando la disciplina legale con riferimento ai diritti di priorità, laddove la possibilità di accedere al lavoro agile sia circoscritta ad una parte della popolazione aziendale, è bene definire i criteri utilizzati per individuare i destinatari nonché criteri condivisi di selezione tra le diverse richieste pervenute (es. criteri relativi alla sostenibilità del lavoro: esigenze di salute, di cura, distanza dal luogo di lavoro).

Vanno definite:

- le condizioni tecniche e organizzative che consentono lo svolgimento dello smart working: aree, funzioni, inquadramento professionale, mansioni, ruolo, eventuali incentivi economici.
- le scelte di politica gestionale relative a anzianità dei lavoratori coinvolti, politiche di genere, tipologia contrattuale: indeterminato/determinato; full-time/part- time;
- la sostenibilità del lavoro: (esigenze di salute, anche dei familiari, distanza, neo genitori ecc.)

4. *Procedure di adesione e disciplina del recesso dallo smart working*

Adesione: è opportuno definire in sede di accordo aziendale, le procedure di presentazione delle richieste per l'adozione delle modalità di lavoro agile, a cui seguirà la stipulazione dell'accordo individuale. In tempo di Covid-19, l'accordo aziendale potrà determinare anche l'elenco dei lavoratori che sono tenuti a svolgere le proprie prestazioni in modalità di lavoro agile.

Recesso:

L'accordo aziendale può definire quali siano le ipotesi di giustificato motivo che consentono il recesso dall'accordo individuale a tempo determinato o, senza preavviso, dall'accordo a tempo indeterminato. Si terrà conto di ipotesi di giustificato motivo per il recesso da parte datoriale (es. fine della sperimentazione, modifica delle mansioni che fa venir meno il presupposto per lo svolgimento della prestazione esterna; esigenze sopravvenute relative alla prestazione in presenza, eventuali ragioni disciplinari) e di ipotesi di giustificato motivo da parte del lavoratore (es. problemi di gestione della conciliazione vita-lavoro).

In caso di recesso da parte datoriale, possono anche essere introdotte delle procedure, che prevedano un confronto preventivo con le RSU.

È opportuno prevedere anche la definizione di un preavviso.

5. *Definizione delle modalità di svolgimento*

Con l'accordo aziendale vanno rese esplicite le modalità di programmazione o pianificazione (es. calendario fisso, pianificazione settimanale, richiesta singola, ecc.) e quantificata la prestazione lavorativa che può essere svolta all'esterno.

L'orario di lavoro va regolamentato con riferimento al CCNL e/o alla eventuale contrattazione aziendale, compreso i limiti massimi, considerando anche le modalità e l'esercizio del diritto dei permessi retribuiti (PAR, visite medica ecc.) durante l'attività svolta fuori dal contesto aziendale.

Anche la prestazione eccedente il normale orario di lavoro (straordinario) dovrà trovare una procedura adeguata a essere riconosciuta quando effettivamente svolta. Ad esempio stabilendo un'apposita autorizzazione alla prestazione straordinario su autorizzazione del responsabile. A questo scopo è necessaria una procedura, con l'ausilio delle tecnologie opportune per la registrazione dei tempi di lavoro.

È opportuno prevedere il numero di giornate a settimana/mese in cui è utile il lavoro dalla sede aziendale per favorire aspetti relazionali, di coordinamento e di lavoro di gruppo.

Con riferimento al diritto alla disconnessione è opportuno individuare, in sede di accordo aziendale, le concrete misure tecniche e organizzative che verranno poste in essere per permetterne il godimento.

Queste saranno poi declinate negli accordi individuale in ragione delle peculiarità della singola prestazione lavorativa.

Vanno definite le fasce orarie entro cui si svolge la prestazione, il rispetto dei tempi minimi di riposo previsti dalla legge (11 ore secondo D.Lgs. 66/03) e i casi necessari la reperibilità da remoto.

In particolari contesti lavorativi, ad esempio quelli con condizioni di maggior valenza operativa, nei casi un cui vengono richieste presenze on-line in determinati orari è opportuno definirne i limiti temporali per evitare forme di eccessiva presenza continuativa.

Contestualmente va indicato che per luogo di lavoro si intende oltre che la sede aziendale anche altra sede dove il lavoratore svolgerà o potrà svolgere una parte della propria attività.

L'accordo aziendale potrà anche definire come si svolgerà il coordinamento nel team di lavoro. Si può definire in maniera differenziata, nelle diverse aree in base ai diversi profili professionali le modalità riguardo i giorni di attività presso la sede, la fascia di orario dell'attività lavorative, della disconnessione, della eventuale reperibilità.

È molto importante codificare le modalità di verifica **degli obiettivi individuali** con il proprio responsabile, i sistemi di tracciatura dei progressi verso gli stessi e il confronto per eventuali difficoltà in termini di realizzabilità.

6. *Assegnazione e gestione di strumenti e attrezzature di lavoro*

Per quanto riguarda le attrezzature da lavoro, la contrattazione aziendale potrà definire anche l'insieme degli strumenti (compresa la connessione Internet), le regole sulla conservazione e sulla manutenzione/riparazione sull'utilizzo di strumentazione ergonomica e a norma antinfortunistica (es. cuffie, schermi, sedie ergonomiche ecc.). In merito l'accordo potrebbe prevedere la fornitura a totale carico dell'impresa oppure la fornitura di buoni spesa per agevolare l'acquisto di strumentazioni.

Occorrerebbe specificare nell'accordo se le attrezzature di lavoro (compresa la connessione internet) sono fornite dal datore di lavoro oppure se i lavoratori faranno uso di strumentazioni proprie (BYOD).

Vanno precisate in specifiche policy l'osservanza di specifiche normative relative alla cybersecurity, l'accesso a data base e cloud aziendali.

7. *Esercizio dei poteri datoriali*

Sarebbe opportuno dare specifica attenzione alle modalità di verifica della prestazione nonché delle eventuali condotte poste in essere nella prestazione esterna che possono giustificare l'esercizio del potere disciplinare. Sarebbe opportuno privilegiare il rispetto di "condotte/comportamenti" (ad esempio di rispetto luoghi dove esercitare attività, rispetto delle fasce di disconnessione ecc.) piuttosto che definire ulteriori modalità sanzionatorie rispetto a quanto già normato nel CCNL.

Quanto alla verifica della prestazione, essa dovrebbe preferibilmente essere diretta sui risultati ed è opportuno prevedere dei momenti di confronto sindacale, con la presenza delle RSU, per valutare la corrispondenza tra obiettivi fissati, carichi di lavoro e possibilità di adempimento nelle tempistiche stabilite. L'accordo aziendale può disciplinare l'esercizio del potere di controllo del datore di lavoro sulla prestazione resa dal lavoratore all'esterno dei locali aziendali nel rispetto di quanto disposto dall'art. 4 l. 300/1970.

Interazione con altri istituti contrattuali o legali

Va definito il godimento di particolari istituti contrattuali o legali come ad esempio permessi e ai riposi compensativi, congedi, ecc.

Buoni Pasto

Per quanto riguarda i Buoni Pasto il Ccnl dei metalmeccanici prevede la pausa per la mensa ma non il diritto alla refezione che, in genere, è stabilito da regolamenti o accordi aziendali per le attività svolte nella sede di lavoro. La continuazione, o l'introduzione dei buoni pasto va pertanto necessariamente inserita nell'accordo aziendale. Non vi è altrimenti alcun obbligo in quanto la legge prevede solo che la collocazione in smart working non riduca il reddito del lavoratore. Questa peraltro può essere una buona motivazione per regolamentare il buono mensa.

9. *Disciplina per la riservatezza dei dati aziendali e la privacy dei lavoratori*

Va definita la riservatezza sia dei dati aziendali che di quelli personali dei dipendenti con richiami alla disciplina applicabile e una attività di formazione dedicata.

Utili in questo senso delle specifiche policy condivise in sede collettiva sui comportamenti corretti per garantire riservatezza di dati personali dei lavoratori e dei dati aziendali trattati durante l'adempimento della prestazione.

Lo smart working, però, non è una semplice iniziativa per i lavoratori; esso, infatti, richiede un sapiente uso dell'innovazione digitale, una governance integrata ed una grande evoluzione dei modelli organizzativi aziendali, dai quali, ovviamente, la privacy non può essere esclusa, anzi, ne ricopre parte integrante, dati i molteplici impatti, poiché la nuova tecnologia gioca un ruolo fondamentale. È necessario definire le misure di sicurezza adeguate che il titolare del trattamento dovrebbe attuare per garantire la tutela dei dati personali degli interessati. Bisogna rispettare il GDPR ovvero attuare tutte quelle procedure, che avrebbe dovuto mettere in campo, se avesse previsto dal principio dell'attività lavorativa lo smart working e, ove impossibile, impedire momentaneamente quei trattamenti ad elevato rischio per i diritti e le libertà fondamentali degli interessati. In base all'approccio basato sul rischio ed alle misure di accountability introdotti dal GDPR, se si procedesse ad un'attenta valutazione (DPIA) sui trattamenti in ambiente smart working "implementato per emergenza", da intendersi come possibili impatti negativi sui diritti e le libertà degli interessati, sarebbe alquanto improbabile far risultare una matrice di rischio bassa o medio bassa, soprattutto ove non siano state previste a monte misure adeguate alla sua mitigazione, per l'assenza delle quali sono previste sanzioni fino a 10 milioni di euro o al 2 per cento del fatturato annuo mondiale.

10. *Salute e sicurezza*

Nell'ambito del D.Lgs. n. 81/2008 va prevista una attività formazione/informazione come condizione per accesso al lavoro agile.

La strumentazione deve essere idonea. Vanno definiti gli obblighi del lavoratore e il monitoraggio.

A garanzia della salute e sicurezza del lavoratore che svolge la prestazione in modalità di lavoro agile, il datore di lavoro deve consegnare al lavoratore e al rappresentante dei lavoratori per la sicurezza, con cadenza almeno annuale, un'informativa scritta nella quale sono individuati i rischi generali e i rischi specifici connessi alla particolare modalità di esecuzione della prestazione lavorativa.

Il datore di lavoro garantisce la salute e la sicurezza del lavoratore che svolge la prestazione in modalità di lavoro agile e a tal fine consegna al lavoratore e al rappresentante dei lavorato-

ri per la sicurezza, con cadenza almeno annuale, un'informativa scritta nella quale sono individuati i rischi generali e i rischi specifici connessi alla particolare modalità di esecuzione del rapporto di lavoro. Il lavoratore è tenuto a cooperare all'attuazione delle misure di prevenzione predisposte dal datore di lavoro per fronteggiare i rischi connessi all'esecuzione della prestazione all'esterno dei locali aziendali

Va tenuto presente quanto contenuto nella circolare INAIL n. 48/2017 circa la tutela degli infortuni gli infortuni occorsi mentre il lavoratore presta la propria attività lavorativa all'esterno dei locali aziendali e nel luogo prescelto dal lavoratore stesso, nel percorso di andata e ritorno dal luogo di abitazione a quello prescelto per lo svolgimento della prestazione lavorativa all'esterno dei locali aziendali.

11. *Attività formative*

Deve riguardare la salute e sicurezza, la riservatezza, le modalità della prestazione e i percorsi professionali. Inoltre come già ricordato attività formative/informative devono essere previste all'accesso al lavoro agile differenziate e calibrate su tutto il personale del gruppo e su tutti gli appartenenti alle strutture individuate per la sperimentazione. Non dimentichiamo che il diritto allo studio e il diritto soggettivo alla formazione previsti dal CCNL 26/11/2016 non vengono meno.

Al lavoratore impiegato in forme di lavoro agile ai sensi del presente capo può essere riconosciuto, nell'ambito dell'accordo, il diritto all'apprendimento permanente, in modalità formali, non formali o informali, e alla periodica certificazione delle relative competenze.

11b. *Smart Working e sostenibilità (non solo ambientale)*

Il lavoro agile è indiscutibilmente uno strumento potente, che può portare notevoli benefici all'organizzazione che ne fa uso e prevede l'avvio di un processo di trasformazione digitale che investe azienda e lavoratori e che deve necessariamente muoversi da una riorganizzazione profonda dell'ente che decide di introdurre delle sperimentazioni in tal senso. Il lavoro agile modifica alcuni principi organizzativi e regole operative e contribuisce inevitabilmente al raggiungimento di alcuni obiettivi di sostenibilità non solo ambientale, ma anche economica e sociale, a beneficio di tutta la comunità.

Una riorganizzazione dei processi aziendali nell'ottica dell'introduzione dello smart working determina, infatti, una differente gestione delle assenze, una riduzione dei costi di gestione degli immobili, i cui ambienti dovranno necessariamente essere ripensati; inoltre, introduce sistemi di misurazione, valutazione e controllo delle performance individuali legati ad una differente organizzazione del lavoro per obiettivi. Ma lo smart working porta anche al ripensamento delle politiche di welfare aziendale, determinando benefici legati a:

- riduzione dei tempi e dei costi di trasferimento del lavoratore, con tutto ciò che questo comporta anche, ma evidentemente non solo, in termini di sostenibilità ambientale;
- miglioramento del work-life balance;
- aumento della motivazione e della soddisfazione;
- potenziamento delle capacità collaborative nel team di lavoro.

Le stesse imprese ammettono che il primo obiettivo dei progetti messi in campo è il miglioramento dell'equilibrio fra lavoro e vita privata dei lavoratori, indicato dal 78 per cento del campione[1] intervistato dall'Osservatorio Smart Working, seguito dalla capacità di attrarre e coinvolgere i talenti (59 per cento) e dal desiderio di assicurare un maggiore benessere organizzativo (46 per cento), mentre la mancanza di consapevolezza sui benefici dei progetti messi in campo si riduce in un anno dal 48 per cento al 27 per cento, segno di una crescente conoscenza e chiarezza degli effetti positivi del lavoro agile. E gli stessi lavoratori ammettono di essere più soddisfatti del proprio lavoro (76 per cento rispetto al 55 per cento degli altri lavoratori), più orgogliosi dei risultati dell'organizzazione in cui lavorano (71

1. Il campione è formato da grandi imprese (con un numero di dipendenti uguale o maggiore di 250)

per cento rispetto al 62 per cento) e desiderano restare più a lungo in azienda (71 per cento rispetto al 56 per cento).

Naturalmente tutto ciò passa dalla capacità di bilanciare l'uso di tecnologie digitali e altre modalità tradizionali di interazione, scegliendo di volta in volta metodo e strumenti digitali e non più efficaci e sostenibili rispetto agli obiettivi e alle attività.

12. *Diritti sindacali*

Il lavoro agile non sospende ne riduce le libertà, i diritti, le agibilità sindacali.

Nei Contratti aziendali vanno previste le modalità attraverso le quali il lavoratore collocato in smart working possa esercitare i propri diritti sindacali anche attraverso gli stessi strumenti informatici con cui lavora da remoto. Nello specifico, prevedere le modalità di partecipazione da remoto, tramite collegamento in video call, alle assemblee sindacali, di ricezione delle necessarie informazioni dalle RSU e l'accesso alle bacheche sindacali digitali opportunamente realizzate. Vanno previsti e regolamentate le modalità di partecipazione dei lavoratori in sw alle assemblee nella sede di lavoro assieme a tutti gli altri lavoratori.

Vanno previste e regolamentate per i rappresentanti sindacali la possibilità di raggiungere tutti i lavoratori (utilizzo mail e telefono, Bacheca elettronica, video/call conference, ecc.). Più in generale per lavoratori che rivestono il ruolo di RSU e RLS o con altri incarichi sindacali definire le modalità per l'esercizio dell'attività sindacale.

13. *Smart WorkHub SWH*

Come è noto il lavoro agile non è esattamente il lavoro da casa. Potrà essere materia di contrattazione la definizione di specifiche convenzioni luoghi di smartworkhub o co-working, per dare l'opportunità di dare adeguati spazi dove svolgere la propria attività, garantendo aspetti di salute e sicurezza, nonché di garanzia dei dati di riservatezza aziendali.

14. *Sistemi di monitoraggio e confronto*

A conclusione degli accordi, oltre alla durata dell'accordo anche in via sperimentale, va previsto un sistema di monitoraggio e confronto sulla sperimentazione.

A questo fine può essere utile la costituzione di comitati specifici oppure la fissazione di un calendario di incontri periodici di confronto e di valutazione congiunta tra RSU e azienda.

Roma, 14 maggio 2020

Appendice normativa - Riferimenti relativi al lavoro svolto in luoghi diversi dalla sede aziendale

Si riporta una sintesi della situazione normativa aggiornata a maggio 2020 riguardante i profili di tutela della salute e sicurezza nelle fattispecie di prestazione di lavoro al di fuori della sede aziendale.

"Lavoro **a domicilio**"	D.Lgs. n. 81/2008 - Art. 3, comma 9 "Fermo restando quanto previsto dalla legge 18 dicembre 1973, n. 877, ai lavoratori a domicilio (...) trovano applicazione gli obblighi di informazione e formazione di cui agli articoli 36 e 37. Ad essi devono inoltre essere forniti i necessari dispositivi di protezione individuali in relazione alle effettive mansioni assegnate. Nell'ipotesi in cui il datore di lavoro fornisca attrezzature proprie, o per il tramite di terzi, tali attrezzature devono essere conformi alle disposizioni di cui al titolo III" Interpello n. 13/2013 – Il domicilio del "lavoratore a domicilio" non è considerato luogo di lavoro ai sensi del D.Lgs. n. 81/2008
Prestazione continuativa di lavoro a distanza configurabile come "**Telelavoro**"	Accordo Interconfederale 2004 – Recepimento Accordo europeo 2002 D.Lgs. n. 81/2008 – Art. 3, comma 10 "A tutti i lavoratori subordinati che effettuano una prestazione continuativa di lavoro a distanza, mediante collegamento informatico e telematico, compresi quelli di cui (...) all'accordo-quadro europeo sul telelavoro concluso il 16 luglio 2002,

Prestazione continuativa di lavoro a distanza configurabile come “**Telelavoro**”	si applicano le disposizioni di cui al titolo VII, indipendentemente dall’ambito in cui si svolge la prestazione stessa. (...) Al fine di verificare la corretta attuazione della normativa in materia di tutela della salute e sicurezza da parte del lavoratore a distanza, il datore di lavoro, le rappresentanze dei lavoratori e le autorità competenti hanno accesso al luogo in cui viene svolto il lavoro (...) subordinato al preavviso e al consenso del lavoratore qualora la prestazione sia svolta presso il suo domicilio”
Forme di **Smartworking o lavoro agile**	Legge 81/2017 art.18-24 Sicurezza: o D.lgs. 81/08 o Circ. Inail n. 48 del 2-11-2017 Dpcm 11 Marzo 2020 D.l. 17 Marzo 2020n.18 Cura Italia

Le linee guida sono il frutto di un lavoro della Fim Cisl Nazionale e in particolare di Marco Bentivogli,

Antonello Gisotti su diritto formazione, sostenibilità e tutela privacy, e con il prezioso contributo di:

Prof. Michele Faioli Università Cattolica di Milano

Emanuele Dagnino Ricercatore Università di Modena e Reggio Emilia

Ringraziamenti

Desidero ringraziare per la pazienza, i consigli, la rilettura e il supporto: Flavia Palazzi, Cristiano Santori, Francesca Sanesi, Veronica Campogiani e inoltre Franco Amicucci, Massimo Chiriatti, Mariano Corso, Emanuele Dagnino, Maurizio del Conte, Laura Di Raimondo, Michele Faioli, Daniele Di Fausto, Raoul Nacamulli, Monica Parrella, Luca Solari, Vittorio Pelligra, Arianna Visentini, Silvia Zanella.

Bibliografia

Albano R., Parisi T., Torabene L., *Gli smart workers tra solitudine e collaborazione*, Firenze University Press, 2019.

Amicucci F., *Di gruppo in gruppo. Le competenze dei nuovi nomadi*, Btdc.albaproject.it, 22 febbraio 2017 (btdc.albaproject.it/index.php?option=com_content&view=article&id=423:di-gruppo-in-gruppo-le- competenze-dei-nuovi-nomadi&catid=105&Itemid=829).

Baldoni R., De Nicola R., Prinetto P. (a cura di), *Il Futuro della Cybersecurity in Italia. Ambiti Progettuali Strategici. Progetti e Azioni per difendere al meglio il Paese dagli attacchi informatici*, Politecnico di Torino Laboratorio Nazionale di Cybersecurity-Consorzio Interuniversitario Nazionale per l'Informatica (Cini), 2018.

Barbiellini Amidei F., Gomellini M. e Piselli P., *Il contributo della demografia alla crescita economica: duecento anni di storia italiana*, Questioni di economia e finanza, Occasional Papers Banca d'Italia, n. 431, 2018

Beck U., *La società del rischio*, Carocci, Roma 2005.

Bentivogli M., *Contrordine compagni. Manuale di resistenza alla tecnofobia*, Rizzoli, Milano 2019.

Bentivogli M., Pirone D., *Fabbrica Futuro*, Egea, Milano 2019.

Cacciari M., *La città*, Pazzini, 2004.

Campagna L., Cipriani A., Erlicher L., Neirotti P., Pero L., *Le persone e la fabbrica. Una ricerca sugli operai Fiat Chrysler in Italia*, Guerini Next, Milano 2015.

Campagna L., Pero L., Ponnzellini A., *Le leve dell'innovazione. Lean, partecipazione e smart working*, Guerini Next, Milano 2017.

Chiriatti M., *L'algoritmo egoista*, Hoepli, Milano 2019.

Cipriani A., Ponzellini A., *Colletti bianchi: Una ricerca nell'industria e la discussione dei suoi risultati*, Firenze University Press, 2019.

Corso M., *Sono otto milioni. Ma la vera sfida comincia adesso*, in «la Repubblica», 25 maggio 2020.

Corso M., Gastaldi L., Martini A., Neirotti P., Paolucci E., Raguseo E., *Smart Working: Rethinking Work Practices to Leverage Employees' Innovation Potential*, Iris Politecnico di Milano, 2014

(The) «Economist», *Demography could be yet another force for divergence within the EU,* 11 gennaio 2020.

Engelen L., Chau J., Young S., Mackey M., Jeyapalan D. & Bauman A., *Is activity-based working impacting health, work performance and perceptions? A systematic review*, Journal Building Research & Information, vol. 47, 2019.

Epifani S., *Sostenibilità digitale: Perché la sostenibilità non può prescindere dalla trasformazione digitale*, Digital Transformation Instiute, 2020.

Eurofound and the International Labour Office (2017), *Working anytime, anywhere: The effects on the world of work*, Publications Office of the European Union, Luxembourg, and the International Labour Office, Geneva 2017.

Faioli M., *Mansioni e macchina intelligente,* Giappichelli, Torino 2018.

Faioli M., *Il lavoro nella gig-economy*, Il Libro dell'anno del Diritto, Treccani 2019.

Floridi L., *Il verde e il blu,* Raffaello Cortina, Milano 2020.

Gallup Report, *State of the Global Workplace*, New York 2019

Ghidini G., Manca D., Massolo A., *La nuova civiltà digitale. L'anima doppia della tecnologia*, Solferino, Milano 2020.

International Energy Agency, *Global Energy & CO2 Status Report*, Mar 2019.

Harper S., *How Population Change will Transform our World*, Oxford University Press, 2016.

Labartino G., Mazzolari F. e Morleo G., *Politiche di remunerazione e organizzazione del lavoro sempre più disegnate in funzione delle esigenze di lavoratori e aziende*, Nota dal Centro Studi Confindustria 14/19 del 29 novembre 2019.

Magatti M., *Un nuovo modello sostenibile che leghi economia e società*, Social.corriere.it, 7 aprile 2016 (sociale.corriere.it/un-nuovo-modello-sostenibile-che-leghi-economia-e-societa/).

Martinazzoli M., Valle A., *Uno strano democristiano*, Rizzoli, Milano 2009.

Penna M. *et al.*, *Il tempo dello Smart Working. La PA tra conciliazione, valorizzazione del lavoro e dell'ambiente Primi risultati dell'indagine nazionale su lavoro agile e telelavoro nel settore pubblico*, Enea 2020.

Poletti D., *Il c.d. diritto alla disconnessione nel contesto dei diritti digitali*, Giuffrè editore, Milano 2017.

Politecnico di Milano, School of Management Osservartorio Smart Working, *Lo smart working oltre la flessibilità: lo scenario di diffusione in Italia*, MIP, 2019.

Popovski P., *5G technology: Why Not to Worry and What to Do if You are Still Afraid of It*, 2020 (https://medium.com/@petarpopovski_51271/5g-technology-why-not-to-worry-and-what-to-do-if-you-are-still-afraid-of-it-afc60f68b69e).

Rovelli C., *L'ordine del tempo*, Adelphi, Milano 2020.

Schinoff B. (2017), *Can We Be Coworkers and Friends? An Inductive Study of the Experience and Management of Virtual Coworker Friendships*, Ph.D. thesis, Arizona State University, disponibile.

Solari L., *La gestione delle risorse umane. Dalle teorie alle persone,* Carocci, Roma 2004.

Solari L., *Freedom Management. Organizzazioni centrate sulla libertà dell'individuo*, Franco Angeli 2016.

Solari L., *How leaders can stay aflot in the sea of social connections*, Routledge 2017.

Spiro R.J., Coulson R.L., Feltovich P.J., Anderson D.K., *Cognitive flexibility theory: advanced knowledge acquisition in ill-structured domains*, in *Pro ceedings of the 10th Annual Conference of the Cognitive Science Society*, Lawrence Erlbaum, Hillsdale, NJ 1988.

Tiraboschi M., Dagnino E., *Guida pratica al lavoro agile dopo la legge n. 81/2017. Formule contrattuali, schemi operativi, mappatura della contrattazione collettiva*, ADAPT University Press, 2017.

Visentini, A., Cazzarolli S., *Smart working: mai più senza. Guida pratica per vincere la sfida di un nuovo modo di lavorare*, FrancoAngeli Aidp, Milano 2019.

Zanella S., *Il futuro del lavoro è femmina. Come lavoreremo domani*, Bompiani 2020

Zizzadoro F., *Futuro: istruzioni per l'uso. Il fattore umano nel mondo digitale*, FrancoAngeli, Milano 2019.

Indice

STAMPATO IN ITALIA
nel mese di luglio 2020
da Rubbettino print per conto di Rubbettino Editore srl
88049 Soveria Mannelli (Catanzaro)
www.rubbettinoprint.it